Josef Chavanne

Afrika im Licht unserer Tage

Josef Chavanne

Afrika im Licht unserer Tage

ISBN/EAN: 9783743325999

Hergestellt in Europa, USA, Kanada, Australien, Japan

Cover: Foto ©ninafisch / pixelio.de

Manufactured and distributed by brebook publishing software
(www.brebook.com)

Josef Chavanne

Afrika im Licht unserer Tage

Afrika

im Lichte unserer Tage.

Bodengestalt und geologischer Bau

(mit einer hypsometrischen Karte von Afrika)

von

Josef Chavanne.

Wien. Pest. Leipzig.

A. Hartleben's Verlag.

1881.

Druck von Friedrich Jasper in Wien.

Vorwort.

Der Abschluß einer ganzen Reihe von Forschungs=
reisen im abgelaufenen Decennium, welche in jeder Beziehung
mit ihren Ergebnissen die zerstreuten einzelnen Bausteine
zur Kenntniß Afrikas zu einem wenn auch noch hier und
da lückenhaften Ganzen verbunden haben, gab mir die
Veranlassung, ein Bild der verticalen Gliederung Afrikas
dem Stande unserer Kenntnisse am Schlusse des achten
Decenniums unseres Jahrhunderts entsprechend zu entwerfen.
Der Mangel einer nur halbwegs genügenden Darstellung
der Bodengestaltung des schwarzen Erdtheiles wird den im
Folgenden unternommenen Versuch rechtfertigen.

Ein besonderes Augenmerk richtete ich darauf, das
Relief des Plateau=Continents durch möglichst zahlreiche,
verläßliche Höhenmessungen zu illustriren und in der bei=
gegebenen Karte, welche sich auf alle bisher bekannten Höhen=
messungen stützt, plastisch zum Ausdruck zu bringen, wobei
ich erwähnen will, daß ich überall bemüht war, die aller=
neuesten Daten zu verwerthen. Unter den benützten Quellen=
daten, deren Zahl fast kaum mehr zu übersehen ist und deren

Studium bei ihrer außerordentlichen Zerstreuung höchst zeitraubend war, möchte ich in erster Linie Petermann's Mittheilungen und die Ergänzungshefte zu denselben hervorheben. In so manchen Fällen boten sie mit ihrem reichen Kartenschatze die einzige Möglichkeit, widersprechende Angaben und Daten aufzuklären und die richtigen Werthe aufzufinden.

Wien, im April 1881.

J. Chavanne.

Inhalt.

Berichtigungen.

Seite 4, 7. Zeile von unten lies 1200 Meter statt 1000 Meter.
  „   4, 3.   „   „   „   „   870   „   „   780   „
  „   5, 15.   „   „   „   „   1200   „   „   1100   „
  „   5, 10.   „   „   „   „   870   „   „   780   ,

Vor einem Decennium noch begegnete eine bestimmte Charakteristik des afrikanischen Continents in Bezug auf seinen geotektonischen Bau, seine verticale Gliederung, großen Schwierigkeiten, weite Räume des Innern und selbst das Littorale waren stellenweise gänzlich unbekannt und ein Schluß auf das Bodenrelief dieser unerforschten Strecken nach vielen Richtungen hin ein gewagter. Im gegenwärtigen Augenblicke ist die Situation eine völlig veränderte; Stanley's Erforschungszug quer durch den äquatorialen Theil Afrikas, die Feststellung des Congo-Laufes verbindet die einzelnen von der Peripherie gegen das Centrum der Terra incognita geführten Vorstöße, respective deren Ergebnisse zu einem Ganzen, das wohl noch immer Lücken zeigt, immerhin aber den Versuch zuläßt, den Continent in seiner Gesammtheit richtig erfassen zu können. Es kann hier nicht unsere Absicht sein, aller jener Männer und ihrer Leistungen zu gedenken, welche trotz der denkbar ungünstigsten Verhältnisse, welche der wenig gegliederte und durch Natur und Bewohner doppelt schwer erschließbare Continent bietet, in den letzten zehn Jahren so zahlreiche Bausteine zum Aufbaue unserer Kenntnisse über Afrika geliefert haben; wir müssen uns darauf beschränken, auf Grundlage der geographischen Resultate ihrer Reisen ein Bild Afrikas im Lichte unserer gegenwärtigen Kenntnisse zu entwerfen.

Wenn wir eine dem jüngsten Stande der Forschungen
entsprechende Karte dieses räthselvollen Erdtheiles, auf
welcher der Versuch einer Darstellung der hypsometrischen
Verhältnisse gemacht erscheint, betrachten, muß sich uns vor
allem die Erkenntniß aufbringen, daß die von C. Ritter
im Jahre 1822 aufgestellte Scheidung eines südlichen Hoch-
Afrika, der nördlich getrennten Gebirgsländer und in ein
diese beiden verbindendes Flach-Afrika, bei Erwägung des
Werthes der Ausdrücke Hoch- und Flachland nur mit einer
wesentlichen Modification aufrecht zu erhalten ist. Mit
Ausnahme der relativ geringfügigen Küsten-Tiefländer und
jener am Unterlaufe der großen Ströme, der zusammen
kaum $^1/_{4600}$ der Gesammtfläche Afrikas einnehmenden, absoluten Depressionsgebiete im Süden des Plateaus von
Bärka und des algerisch-tunesischen Steppenplateaus, der
Umgegend der beiden Seen Assal und Alelbad nahe der
Westküste des Rothen Meeres, ferner der relativen Depressionsgebiete mit Rücksicht auf das ringsherum gehobene des
Wadi Rirh und Suf, jenes am Unterlaufe des Ueb Mssaud
und Akaraba in Tuat und der Dünenregion Igibi bis zu
der »Dschuf« genannten Gegend im Herzen der Sahara,
dem tiefsten Theile des Tsadsee-Beckens (Tongur) in der
Landschaft Bodele und des Westrandes der Sahara zwischen
der Senegal-Mündung und dem Cap Dschuby in einer
durchschnittlichen Breite von 150 bis 180 Kilometer, finden
wir auf dem ganzen afrikanischen Continent keine Land-
strecke, welcher die Bezeichnung Tiefland beigelegt werden
könnte; ja, ziehen wir die mittlere Erhebung des Continents
über den Spiegel des Weltmeeres in Betracht, welche nach
einer nur rohen Schätzung jedenfalls 580 Meter betragen
muß, so ist die Bezeichnung Afrikas als ein aus der Tiefe
des Weltmeeres emporgestiegenes Hochland im Allgemeinen

das Richtigste. Dieses riesige Plateau scheidet sich in eine höhere südliche und niedrigere nördliche Stufe, von welchen die letztere der ersteren an Flächenraum wenig nachsteht. Ist auch der Uebergang zumeist kein plötzlicher, schroffer und scharf ausgeprägter, so ist die Scheidelinie doch hinlänglich durch die beiden Flüsse Binue und Schari gekennzeichnet. Ein flaches, nach Südost gerichtetes Bogensegment zwischen der Mündung des Binue in den Nigir und dem Quellgebiete des Ansebe in den Habab=Landschaften am Rothen Meere, trennt, genauer bestimmt, die nördliche Stufe von der südlichen. Die Erhebung beider Stufen über das Niveau des Oceans glauben wir am richtigsten durch das Verhältniß 2 : 5 auszubrücken.

Für die Richtigkeit des Satzes, daß die Lage und Streichungsrichtung der Gebirge durch die Uferrichtung der Festlande bedingt sind, ist Afrika die trefflichste Illustration. Wir finden fast durchgängig parallel mit den Biegungen und Windungen der Küste den Rand des Hochlandes bedeutend erhöht und förmliche Gebirgsketten oder wieder gewaltige Massive bildend; auf der südlichen Stufe ist die Erscheinung zu augenfällig, um eines weiteren Hinweises zu bedürfen; aber auch auf der nördlichen Stufe können wir im Erhebungsgürtel, der parallel zur Küste vom Nigir bis zum Senegal und, wenn auch schwächer erkennbar, vom Taganet=Plateau über das Bergland Aderer zum Draa zieht, nichts anderes als den erhöhten Rand des durch ein und dieselbe Kraft gehobenen Hochlandes erblicken. Am mächtigsten und in ausgedehntester Weise mußten die hebenden Kräfte in einer der ersten geologischen Epochen in der Richtung des Nord=, Süd= und Oftrandes gewirkt haben, denn hier finden wir die höchsten Erhebungen und größten Massive des ganzen Continents.

1*

Während die Küstengebirge Amerikas (Anden und Felsengebirge) übereinstimmend den Charakter zeigen, daß auf ihrem binnenländischen Abhange Hochlande sich anlagern, die eine mäßige Breite und Ausdehnung haben und bald darauf in östlicher Richtung in ausgedehnte Tiefländer übergehen, füllen in Afrika die Hochländer und Plateauflächen den ganzen inneren Raum des Continents aus. Dieser Bodencharakter Afrikas erklärt auch das insbesondere bei der südlichen Stufe entwickelte terrassenförmige Aufsteigen des Hochlandes in Stufen von ungleicher Höhe und Entwicklung. Im Allgemeinen ist der Süd-, Ost- und der westliche Theil des Nordabfalles des afrikanischen Hochlandes bei nahezu gleicher Entwicklung des Küsten-Flachlandes steiler als der Westabfall; der Contrast erreicht in der Gegenüberstellung des steilen Ostrandes des abessinischen Hochlandmassivs und des auf große Strecken hin allmählich verflachenden Westrandes der Sahara seinen schärfsten Ausdruck. Auf seiner Längenerstreckung von Nord nach Süd lassen sich auf dem afrikanischen Continente drei größere Depressionen, respective Erhebungslücken erkennen; es sind dies zunächst: das Tsadsee-Becken mit einer mittleren Höhe von 240 Metern bei einer solchen von 460 Metern der ganzen nördlichen Stufe; das Thalbecken des mittleren Congo mit einer mittleren Seehöhe von 480 Metern bei einer solchen von 630 Metern der nordäquatorialen (hochsudanischen) Plateauzone, und der durchschnittlich 1000 Meter hohen, die Wasserscheide zwischen Congo und Zambesi bildenden Hochländer zwischen 9° und 10° südl. Breite; endlich das Becken des N'gami-Sees und Kumudau-Sees mit einer mittleren Seehöhe von 780 Metern bei einer solchen von 1100 und 1200 Meter der dasselbe im Norden und Süden umrahmenden und allseitig einschließenden Hochland-

flächen. Wenn wir uns diese Zahlen, zu welchen wir im
Norden der Sahara das absolute Depressionsgebiet der
Libyschen Wüste mit circa 10—20 Meter größter Depression
noch hinzuzufügen haben, plastisch gestalten, d. h. etwa im
Meridian 21° östl. von Greenwich ein Profil durch Afrika
construiren, so werden wir finden, daß von Nord nach
Süd fortschreitend wir fünf durch vier Depressionsgebiete,
respective Erhebungslücken getrennte Bodenstufen hinan=
zuklimmen haben, und daß die Höhen sowohl der einzelnen
Terrassenstufen als auch der Erhebungslücken in arithmeti=
scher Progression von Nord nach Süd zunehmen, so daß
wir das Innere Afrikas, ohne eine Uebertreibung zu be=
gehen, mit einer von Süd nach Nord geneigten, in fünf
Stufen sich abdachenden Riesenmulde vergleichen dürfen.
Die Regelmäßigkeit in der Zunahme der einzelnen Höhe=
stufen (von Nord nach Süd fortschreitend) Syrtenwüsten=
plateau 200 Meter, Sahara 460 Meter, Hochsudan 630 Meter,
südäquatoriale Wasserscheide 1100 Meter, südafrikanisches
Hochplateau 1200 Meter mittlere Seehöhe; ebenso wie in
jener der Erhebungslücken: Libysche Wüstendepression (Bir
Nejam) — 10 Meter; Tsadsee=Becken (tiefste Stelle bei
Tongur) 160 Meter; Congo=Becken 480 Meter und N'gami=
Becken 780 Meter charakterisirt Afrika in nicht zu ver=
läugnender Weise. Die Auffassung Afrikas als eine ein=
heitlich aus dem Weltmeere emporgestiegene Hochlandsmasse
mit am mächtigsten gehobenem Süd= und Ostrande ist
durch die vorher angeführten Daten wohl begründet.

Betrachten wir den nördlichen Theil Afrikas mit
seiner Entwicklung in ostwestlicher Richtung, so treffen wir
ähnliche Verhältnisse. Hier liegt der Westrand des Hoch=
landes fünfmal niederer als der Ostrand, und denken wir
uns auch hier im Parallel des Wendekreises des Krebses

ein Profil gezogen, so werden wir, vom Westrande nach
Osten fortschreitend, ähnliche nach Osten immer höher an-
steigende, durch Depressionsgebiete (Erhebungslücken) unter-
brochene Terrassenstufen finden, jedoch von minder scharf
ausgeprägtem Charakter. Bei dem bisherigen Mangel an
Höhenmessungen in der westlichen Sahara läßt sich auch
die Höhenabstufung der einzelnen Terrassenstufen (in der
Reihenfolge von West nach Ost): Rugg-Wüste, Tanesruft-
Plateau, Ahaggar-Plateau, Libysche Wüste, Arabische Wüste
nicht genau angeben, überdies unterscheidet sich das Relief
in diesem Profilschnitte von ersterem schon durch die Culmination der mittleren Terrasse, des Ahaggar-Plateaus,
das nach den werthvollen und verläßlichen Erkundigungen
Duveyrier's jedenfalls ca. 2500 Meter übersteigt. Ebenso
scheinen die Erhebungslücken: Jigibi-Dünen, Wadi Gedem,
Nil-Thal nahezu in gleicher Seehöhe zu liegen.

Der im Großen und Ganzen einförmige Bau der
einzelnen orographischen Glieder Afrikas, seine Plateau-
und Tafel-Landschaften sprechen dafür, daß die Hebungs-
Erscheinungen, als deren Wirkungen wir die gegenwärtige
verticale Configuration Afrikas anzusehen haben, in einer
frühen geologischen Periode stattfanden, und daß seit der
späteren Tertiärzeit die Oberflächengestalt nur in einzeln
local beschränkten Partien durch secundäre Hebungen der
Erdkruste modificirt wurde. Afrika zeigt daher auch unter
den Welttheilen die geringsten Küstenstrecken, an welchen
noch gegenwärtig Hebungs- oder Senkungs-Erscheinungen
zu beobachten sind; so z. B. Hebungen an der Nordwest-
küste zwischen Cap Ghir und der Straße von Gibraltar,
an der ganzen tunesischen Mittelmeer-Küste, im Golf von
Suez, an der Ostküste zwischen Suakin und Massaua am
Rothen Meere und zwischen der Mündung des Dana und

Zambesi; Senkungen hingegen an der Mittelmeer-Küste von der großen Syrte bis über das Nil-Delta hinaus. Im Innern des Continents wurde ein stetiges Steigen des Spiegels im Tanganyika-See bemerkt, ebenso Hebung der Ostufer des Tsad-Sees beobachtet. Das fast durchgängig isolirte, inselartige Auftreten der culminirenden Massive und Pics über das allgemeine Niveau der Hochflächen ist ein weiteres Argument für das hohe geologische Alter der ganzen Erhebung. Vulkanische Thätigkeit ist in jüngeren geologischen Epochen jedenfalls auf eng begrenzte Gebiete (die nächste Umgebung des Assal- und Alelbad-See im Afar-Gebiete) beschränkt geblieben, wie denn auch aus historischer Zeit nur über Erdbeben im Harar-Gebiete und am unteren Zambesi berichtet wird. Um so großartiger und umfang-reicher sind die Wirkungen der Erosionsthätigkeit, sowie der Zersetzungs-Erscheinungen durch die Atmosphäre im ganzen nördlichen Theile des Continents, wo sie durchgreifende Veränderungen im Bodenrelief zur Folge hatten.

Betrachten wir nun nach diesem allgemeinen Ueber-blicke die einzelnen orographischen Glieder und beginnen wir mit dem Nordrande.

Das Atlas-System.

Wenn wir, dem gegenwärtigen Stande unserer Kennt-nisse entsprechend, das Erhebungssystem des Atlas seiner Reliefformen nach bezeichnen wollen, so müssen wir, ent-gegengesetzt den in den Lehr- und Handbüchern der Erd-kunde bisher gebräuchlichen Darstellungen, von einer Gene-ralisirung des Atlas absehen und drei Partien unterscheiden, welche durch Aufbau und Gliederung der Formen sich in charakteristischer Weise von einander trennen. Wenn schon ein Allgemeinbegriff für die Reliefform des Atlas-Systems gebraucht werden soll, so darf dieses wohl nur als ein System von Bergketten, Hochplateaus und isolirten Bergmassiven, nicht aber als eine durchaus einheitliche Gebirgskette mit ununterbrochenem Kamme bezeichnet werden. Wenn wir das ganze Erhebungssystem vom Cap Nun bis zum Cap Bon verfolgen, so werden wir finden, daß nur der westliche und centrale, dabei die größte absolute Höhe erreichende Theil des Atlas (mithin der marokkanische Theil desselben) die charakteristische Form einer Hauptkette mit mehreren, mehr oder minder parallel zu dieser verlaufenden Nebenketten zeigt, deren sämmtliche Kämme in der Richtung von Westsüdwest nach Ostnordost streichen, und daß der Hauptkamm auf der ganzen Linie seiner Erstreckung vom Cap Ghir bis zum Gebirgsknoten des Dschebel Aiaschin die Wasserscheide zwischen dem Tell, respective der Küstenstufe und der Sahara bildet. Oestlich des Dschebel Aiaschin, von dem aus ein in südöstlicher Richtung streichender Gebirgsast die Hauptkette mit einer der größeren südlichen und bedeutend niedrigeren Randketten verbindet, erleidet das Erhebungssystem des Atlas eine wesentliche Umbildung, indem es in ein breites, nur wenig undulirtes Hochplateau übergeht, dessen Längenachse die Streichungsrichtung des ganzen Systems beibehält und dessen Breite zwischen 80 bis 150 Kilometer schwankt. Der Nordabfall des Plateaus, das als algerisches Steppenplateau bekannt und durch eine Reihe von periodisch gefüllten Salzsümpfen (Seen), »Schotts«, charakterisirt ist, senkt sich, reich an schönen und fruchtbaren Thälern, mehr oder minder allmählig zum Mittelmeer herab und bildet jene Zone fruchtbaren Culturlandes, das wir unter dem Namen »Tell« kennen. Der Südabhang, an seinem Rande durch zwei hohe Massive gekrönt, fällt theils in stufenförmigen und steilen Absätzen, theils in lang gestreckten, allmählich verflachenden und unwirthlichen Abhängen zur Sahara ab. Diese Plateaubildung des Atlas-Systems geht östlich der Quellen des Ued Mellega, mithin nahe seinem östlichen Ende wieder in eine Reihe stark veräftelter Gebirgsketten über, deren Hauptkette in östlicher Richtung Tunis durchzieht, um am Cap Bon zu enden. Nach Südosten zum Depressionsgebiet im Westen des Golfes von Gabes, fällt das System in einer zusammenhanglosen Reihe stufenförmiger Berg- und Hügelzüge ab.

In seiner Erstreckung vom Cap Nun am Atlantischen Ocean bis Cap Bon am Mittelländischen Meere besitzt das System eine Länge von 2300 Kilometern, von welchen 1050 Marokko, 950 Algerien und 300 Tunis angehören.

Ebenso verworren als die Darstellung über die Gliederung und Bodenplastik des Systems sind auch die Bezeichnungen der einzelnen Theile des Atlas in den Lehr- und Handbüchern der Erdkunde bis in die jüngste Zeit geblieben. Die Bezeichnungen »großer, hoher und kleiner Atlas« werden in einem Sinne gebraucht, der weder mit den Aufzeichnungen und Nachrichten der Alten (Polybius, Ptolemäus) und des Mittelalters (Bekri, Ibn Khaldun), noch mit der bei den heutigen eingebornen Bewohnern gebräuchlichen Bezeichnung übereinstimmt. Den Araber- und Kabylen-Stämmen Algeriens und Tunis ist heutzutage der Name Atlas gänzlich fremd, sie haben die einzelnen Randberge und Bergketten des Atlas-Systems mit einheimischen Namen belegt, welche entweder aus der Form oder Farbe des Gesteins der Berge u. s. w. ihre Berechtigung ableiten. Nur die ursprüngliche berberische Bevölkerung des westlichen, marokkanischen Atlas-Gebirges hat in der Bezeichnung Ibrar n deren (von Abrar = Gebirge), welche den Griechen und Römern in der Form Dyrin bekannt war, den einstigen Namen beibehalten. Mit dem Namen »Ibrar n deren« belegt aber die heutige berberische Bevölkerung des südlichen Marokko jene deutlich ausgeprägte Gebirgskette, welche vom Cap Ghir (dem Prom. Usadium der Römer) in ostnordöstlicher Richtung bis zum Knotenmassiv des Dschebel Aiaschin streicht, diese Kette ist auch jene, auf welche die Bezeichnung Atlas major der Alten anwendbar ist, denn Ptolemäus erwähnt ausdrücklich, daß die Hauptmasse des Gebirges, mit dem er ganz Mauritanien (die Barbaresken-Staaten) erfüllt sein läßt, am Prom. Ussadium, dem heutigen Cap Ghir endige. Die Unterscheidungen »hoher und großer Atlas« und die in vielen Lehrbüchern der Erdkunde sich findende nähere Positionsbestimmung derselben ist gänzlich überflüssig, denn der große Atlas, das »Ibrar n deren« der Berber, ist auch der höchste Theil des ganzen lang gestreckten Erhebungssystems, das die moderne Geographie als Atlas-System bezeichnet. Der Name »kleiner Atlas«, der Bevölkerung des ganzen Territoriums, vom Cap Ghir bis Cap Bon gänzlich unbekannt, wurde von den alten Geographen in einem Sinne gebraucht, der dem gegenwärtigen Stande unserer Kenntnisse des Atlas-Systems gegenüber, so lückenhaft dieselben auch noch für den westlichen und centralen Theil sein mögen, keine Berechtigung hat. Wenn man in der modernen Geographie schon die Bezeichnung »kleiner Atlas« gebrauchen will, so läßt sich dieselbe mit einiger Berechtigung nur auf jene Reihe meist isolirter Gebirgsmassive und Gebirgsketten anwenden, welche, von Punta Leone (Ceuta) ausgehend, auf marokkanischem Boden unter dem Collectivnamen »Er Rif« parallel zur

Küste streichen und sich als Massiv vor Trara, der Kette
Dahra, als Massiv von Zaccar u. s. w. durch das alge=
rische Tell fortsetzen, um unter verschiedenen Localnamen
den Nordrand von Tunis durchziehend, am Cap Sibi el
Hadsch Mbarek zu endigen. Die in Algerien gebräuchliche
Bezeichnung des Nordabhanges des Steppenplateaus als
kleiner Atlas scheint uns ebenfalls nicht in der Boden=
Configuration berechtigt, denn dieser ist einfach der Nord=
rand des in ein breites Hochplateau übergegangenen Haupt=
kamms, den wir im Westen als großen Atlas bezeichnet
haben; für die Richtigkeit dieser Auffassung spricht die bei
französischen Geographen gebräuchliche Bezeichnung des
durch die beiden Massive Dschebel Amur und Dschebel Aures
scharf markirten Südabfalles eben desselben Plateaus als
großer Atlas.

Betrachten wir nun die einzelnen Abtheilungen des
ganzen Systems. Südwärts des Cap Ghir, zwischen den
beiden Ueds Tamarakt und Sus als Dschebel Ida Mahmed
(1338 Meter hoch), steil und schroff über den Ocean auf=
steigend, streicht die als großer Atlas bekannte Hauptkette
anfänglich in der Form von zwei bis vier Gebirgsrücken in
oftnordöstlicher Richtung mit einer mittleren Kammhöhe von
1200 bis 1500 Meter, welche Höhe etwa 10 Kilometer
östlich von der Küste auf 1000 Meter sinkt, um bald darauf
stetig anzuwachsen, je weiter die Kette sich von der Küste
entfernt. Schon im östlichen Theile der Provinz Haha
erreichen die über den Kamm aufragenden Gipfel eine Höhe
von 3050 Metern. Etwa 100 Kilometer von der Küste
schneidet der Paß von Bibauan, durch welchen die Straße
von der Residenz Marokko nach dem Hauptort der Sus=
Landschaft, Tarudant, führt, in den Kamm der Kette eine
ziemlich breite und tiefe Bresche. Oestlich dieses Einschnittes

erreichen die Gipfel bereits die Höhe von 3300 bis 3500
Meter; so z. B. der Dschebel Tezah 3350 Meter; 180 Kilometer von der Küste und im Südwesten der Stadt Marokko
erleidet der Kamm abermals eine Einsenkung, durch welche
ein zweiter Paß in 2130 Meter Seehöhe aus dem Thale
des Ued Nefis (Nebenfluß des Ued Tensift) in das obere
Sus-Thal führt. Unmittelbar östlich dieser Paß-Einsenkung
und rein südlich von der Stadt Marokko bildet das Gebirge
einen über 50 Kilometer langen, ununterbrochenen Rücken
von 3650 Metern Seehöhe, aus dem 4 bis 5 isolirte Pics
noch 150 bis 240 Meter über das allgemeine Kamm-Niveau
emporragen, so daß man den Culminationspunkt des ganzen
Atlas-Systems, so weit es bisher bekannt ist, kaum auf
mehr als 3900 Meter schätzen kann. Hooker, Ball und
Maw, welche auf dieser Strecke im Jahre 1871 den Paß
von Tagherut erklommen, maßen die Höhe desselben mit
3499 Meter.

Oestlich dieser wallmauerartigen, hohen Strecke des
Atlas scheint sich nach der Annahme von Hooker und Ball
die Kette mehr und mehr in einzelne, durch tiefe Einschnitte
isolirte Bergzüge und in wenig zusammenhängende Reihen
von Pics aufzulösen und an Höhe stetig abzunehmen, doch fehlen
über den ganzen Theil des Gebirges von Paß Tagherut bis
zu dem von Rohlfs überstiegenen 2589 Meter hohen Tisint el
Rintpaß im Quellgebiete des Ued Gers, also zwischen 6° und
4° westl. Länge von Greenwich bisher directe Beobachtungen
und Untersuchungen. Wir wissen vorläufig nur, daß eben im
Raume zwischen 4° und 5° westl. Länge von Greenwich und
32° 15′ bis 33° nördl. Breite sich ein Gebirgsstock, einem
Knoten gleich erhebt, aus dem einzelne Pics, wie Dschebel
Aiaschin, Dschebel Ait Ahia, Dschebel el Abhari u. s. w.,
bis zur Höhe von 3000 Metern und mehr emporragen und

der die dreifache Wasserscheide zwischen dem Atlantischen Ocean (Ueb Sebu, Ueb Um er Rebiah), dem Mittelländischen Meere (Muluja) und dem abflußlosen Sahara=Gebiete (Ueb Siß oder Gers) bildet. Von diesem Gebirgsknoten streicht ein mächtiger Gebirgsrücken als Dschebel Mastalitha in nordwestlicher Richtung, von ihm ausgehend und der Achse des ursprünglichen Hauptkammes parallel der Dschebel Tamarakuit, über welchen die Straße von Mekines durch den 2517 Meter hohen Megader=Paß in das Quellthal des Muluja führt. Oestlich des erwähnten Gebirgsknotens beginnt bereits der Uebergang zu einem von isolirten Höhen= zügen durchsetzten Hochplateau. Der frühere Hauptkamm löst sich in eine zusammenhanglose Reihe von Bergzügen auf, welche den Südrand des Hochplateaus bilden, während der Nordrand durch den Dschebel Tamarakuit und andere fast parallel zu einander in Südwest=Nordost=Richtung streichende Bergketten gebildet wird, welche durch das Massiv von Thesa und der Landschaft Garet mit den Bergen des Er Rif im Zusammenhange stehen.

Der Abfall des Hauptkammes zwischen Cap Ghir und den Quellen des Ueb Tensift ist nach Norden besonders steil und rasch. Die 10 bis 15 Kilometer nördlich vom Hauptkamme entfernten Orte Milhain, Seksaua, Amsmiz und Hasni liegen nur 873 bis 1281 Meter über dem Meere, die etwa 80 Kilometer nördlich gelegene Stadt Marokko nur 500 Meter hoch. Nach Süden ist der Abfall des Haupt= kammes kaum weniger steil. In einer wechselnden Ent= fernung von 50 bis 200 Kilometer zieht südlich des Haupt= kammes mit diesem fast parallel und von Strecke zu Strecke, so z. B. westlich der Quellen des Ueb Draa, westlich der Quelle des Ueb Gers und östlich der Quelle des Ueb Sus, durch niedrige Querrücken verbunden, eine Reihe von Berg=

zügen unter verschiedenen Localnamen, so z. B. Dschebel Saghreru, welche in der modernen Geographie als »Anti-Atlas« bekannt, sich bis zum Cap Nun erstrecken und im Dschebel Aulus, circa 2500 Meter hoch, ihren Culminations-punkt erreichen. Zwischen dem Hauptkamme des Atlas und dem Anti-Atlas öffnet sich gegen den Ocean das Thal des Ued Sus, zwischen dem letzteren und einem südlicheren in Südwest-Richtung streichenden Höhenzuge, dem Dschebel Tisintit, das Thal des Ued Nun. Im Norden des Haupt-kammes säumen die Ausläufer des Gebirges die westmarok-kanische Küstenebene zwischen dem Unterlaufe des Ued Tensift und dem Ued Sebu ein, im Süden dachen sich die zu theil-weise ausgedehnten Hamadaflächen sich erweiternden Aus-läufer zum Ued Draa ab und erfüllen das als marokkanische Sahara bekannte Gebiet.

Die bedeutende Höhe der aus dem Hauptkamme des Atlas-Systems aufsteigenden Gipfel ließ schon in früherer Zeit der Vermuthung Raum, daß diese selbst über die Grenze des ewigen Schnees ragen, eine Anschauung, welcher auch G. Rohlfs nach seinem Aufenthalte in Marokko 1862 beizupflichten geneigt war. Hooker und Ball jedoch sind der Ueberzeugung, daß der Schnee auf keinem, auch nicht dem höchsten Theile des Atlas über den Sommer liegen bleibe, wenngleich im Winter nach heftigen Nordstürmen die Berge bis zur Höhe von 2400 Metern herab, mit Schnee bedeckt erscheinen. Im Mai 1871 während ihres Besuches des Tagherut-Passes fanden Hooker und Ball selbst die höchsten Spitzen der Hauptkette schneefrei.

Fassen wir nunmehr das Plateau im Osten des Haupt-zuges näher in's Auge. Der Nordrand desselben ist, wie bereits erwähnt, durch eine Reihe von Thalbildungen ge-kennzeichnet, die in ihm ihren Ursprung nehmen, nur an

vier Stellen durchbrechen Gewässer, von dem Plateau gegen
die Nordküste strebend, und zwar Wadi en Nesa, Scheliff,
Seybuse und Medscherba diesen Rand. Der Südrand, weit
schärfer gekennzeichnet, wird durch eine Reihe von Berg=
zügen gebildet, in welchen die beiden Massive des Dschebel
Amur und Aures durch ihre Höhe hervorragen. Die Breite
des Plateaus in seiner westlichen Hälfte erreicht 170 Kilo=
meter und nimmt allmählich, aber stetig gegen Osten ab, so
daß sie an der tunesischen Grenze nur mehr 80 Kilometer
beträgt. Der landschaftliche Charakter und die Natur dieser
Hochebene verändert sich im selben Maße, als wir es von
Westen nach Osten verfolgen. Im Westen auf große Strecken
hin völlig eben, rauh und mit spärlicher Vegetation bedeckt,
im centralen Theile von zahlreichen Bodenwellen durchzogen
und reichlich mit Halfa bedeckt, ist das Plateau in seinem
östlichen Theile (Hochebene der Sbach) bereits zum größten
Theile bergig zu nennen. Die mittlere Seehöhe des Plateaus
beträgt im westlichen Theile 1100, im mittleren 900, im
östlichen Theile 780 Meter. Das Plateau erhält, abgesehen
von seiner eigenthümlichen Vegetation, noch durch eine Reihe
von flachen, muldenförmigen Einsenkungen (Schotts), welche
zur Zeit der Winterregen und heftiger Regengüsse kleine
abflußlose Salzseen bilden, im Sommer hingegen bis auf
minime Wasserlachen trocken sind, und dann durch die
Efflorescenz des reichlich vorhandenen Salzes ausgedehnten
Schneeflächen täuschend ähnlich sehen, ausgeprägten Steppen=
charakter. Mit Ausnahme der vier vorhergenannten Wasser=
läufe ergießen sich sämmtlich periodisch fließenden Gewässer
des Plateaus in diese abflußlosen Flachseen. Die eingeborne
arabische Bevölkerung unterscheidet in dieser zumeist in der
Achsenrichtung des Plateaus liegenden Reihe von Depressionen
sechs bestimmte Gruppen, und zwar von Westen nach Osten:

auf marokkanischem Gebiete: 1. den Schott Tigri und Ro=
gheret, 2. Schott el Mehaïa und Schott el Gharbi, der
letztere bereits auf algerischem Gebiete. In Algerien: 3.
Schott el Schergi, 4. Zarhez Gharbi und Zarhez Schergi,
5. die große Sebcha oder das Hodna=Bassin auf dem gleich=
namigen Plateau, und endlich 6. eine Gruppe von kleinen
Salzsümpfen, »Sbach« genannt, auf der gleichnamigen
Hochebene, als östlichste Gruppe. Die Breite der durch den
Nordrand abgegrenzten Küstenzone oder des Tells wird
durch die vorerwähnte Gliederung des Plateaus beeinflußt.
Im Westen zwischen 100 bis 120 Kilometer schwankend,
erreicht das Tell im Osten des Seybuse=Durchbruches eine
Breite von 200 Kilometern und mehr, da sich hier das Tell
ziemlich nahe an den steilen Südabfall des Plateaus er=
streckt. Die Trennungslinie zwischen Tell und Plateau, mit
anderen Worten: der Nordrand desselben ist durch die
Gebirge von Angad, Tlemsen, Saida, Tiaret und Setif
hinlänglich markirt, östlich von Setif jedoch weniger deutlich
erkennbar. Das Relief dieser Küstenzone ist ein höchst ver=
worrenes, schwer zu überschauendes Gewirre von Bergen,
Abgründen, tiefen und engen Schluchten, durch herrliche
Thalbildungen und wenig umfangreiche Ebenen unterbrochen.
Die Bergzüge streichen bald senkrecht, bald parallel zur
Küste und lassen sich zu fünfundzwanzig von einander
ziemlich deutlich getrennten Gruppen vereinen, von welchen
die der Küste zunächst liegenden zu diesem parallel ver=
laufenden, die Configuration des ganzen Tells charakterisiren
und als Fortsetzung der unter dem Namen Er Rif be=
kannten Küstenkette Marokkos unter der Bezeichnung kleiner
Atlas zusammengefaßt werden können. Unter diesen Gruppen
ragen zwei Massive besonders hervor, und zwar im Westen
zwischen dem Scheliff und Wadi Mina das Uaranserif=

Massiv mit Gipfeln bis zu 1991 Meter und zwischen Wadi Isser und Sahel das Dscherdschera-Massiv, das in 2308 Metern culminirt.

Der Südrand des Plateaus endlich ist auf seiner ganzen Ausdehnung, vom Durchbruch des Ued Ghir bis Tunis, von bedeutenden Bergzügen gebildet, denen eine große Anzahl von Localnamen beigelegt wird. So heißt der die Tamlelt-Ebene begrenzende Bergzug Dschebel Bu Grus, ihm folgen unter den Sammelnamen Dschebel Ksan und Dschebel Ksel auf der Strecke zwischen den Quellen des Ued Susfana und Ued Sergun eine große Anzahl ⌐*) meist parallel zu einander und in der Achsenrichtung des Atlas-Systems verlaufender, zusammenhangloser Höhenzüge, unter welchen der Dschebel Bu Derga im Süden von Géryville die bedeutende absolute Höhe von 1959 Metern erreicht. Eine Reihe von engen und wilden Schluchten (Kheneg oder auch Bab genannt) durchsetzen den äußersten Rand des Plateaus an dieser Stelle; am bekanntesten ist die »Bab es Sahra« (Thor der Sahara) genannte, zwischen Rhassul und Brezina. Oestlich des Dschebel Ksel im Süden der Zarhez genannten Salzsümpfe des Plateaus, erhebt sich ein großes, einem Knoten gleichendes Massiv, der Dschebel Amur, die Wasserscheide zwischen den beiden längsten Flüssen Algeriens bildend, nämlich zwischen dem nach Norden fließenden Scheliff und dem nach Süden und bald nachher parallel zur Achsenrichtung des Plateaus fließenden Dschebbi. Im Pic von El Gada erreicht das Massiv eine Höhe von 1800 Metern.

Bergreihen von minder hervorragender Höhe, wie der Dschebel Senalba, Bu Kahil, Dschedid, verbinden dieses Massiv mit dem zweiten und höchsten Algeriens, dem Dschebel Aures, aus dem sich zwei Gipfel, der Scheliah

und Mahmel, zu 2328 und 2306 Meter, also 1200 bis
1300 Meter über das Plateau-Niveau erheben. Von December
bis März erhält sich selbst in dieser südlichen Lage auf den
genannten Gipfeln Schnee.

Unter verschiedenen Localnamen, wie: Dschebel Um
Debben, Dschebel Mechila, Dschebel Barku u. s. w. setzt
sich nun der Südrand des Plateaus in Form von einzelnen
Bergreihen und Höhenrücken bis zum Cap Bon fort. Auf
der ganzen über 1600 Kilometer betragenden Strecke des
Südrandes beobachtet man die Erscheinung, daß der Nordabfall der den Rand säumenden Berge mit mehr oder
minder dichter Vegetation bedeckt ist, während der der
Wüste zugekehrte Südabfall den monotonen Anblick eines
von aller vegetabilischen Erde entblößten Kalksteines bietet.
Auch der Abfall des Plateaus gegen die Wüste verändert
sich im selben Maße, als wir nach Osten fortschreiten, denn
während das Plateau sich südlich des Dschebel Bu Grus,
Dschebel Kfan und Kfel nur allmählich zu der Region der
beweglichen Sandbünen (El Areg) verflacht, beginnt es am
Dschebel Amur sich steil nach Süden zum Thale des Ued
Dschebbi abzubößchen und erreicht dieser steile Abfall seinen
schärfsten Ausdruck im Südabhange des Dschebel Aures,
woselbst die Niveaudifferenz zwischen dem Steppenplateau
und der nur wenige Stunden südlicher auf dem Plane der
Vorwüste gelegenen Oase Biskra 600 bis 700 Meter beträgt.

Oestlich. des Dschebel Aures nehmen die Bergzüge
allmählich, aber stetig ab (Dschebel Mechila 1945 Meter
hoch), ebenso verliert der Abfall nach Süden hin immer
mehr an Schroffheit.

Da die neueren Forschungen und Untersuchungen die
den Syrtengolf im Süden umrahmenden Erhebungen, sowie
das Plateau von Barka als Glieder der Sahara darstellen,

so bleiben damit die selbständigen Gebirgssysteme des afrikanischen Nordrandes auf das eben Geschilderte be-schränkt, und wir wenden uns nunmehr zu dem aus-gedehnten Gebiete der Sahara.

Die Sahara.

Die bedeutendsten Wandlungen und Berichtigungen erfuhren durch die neueren Forschungen unsere Vorstellungen über die Bodenplastik und die geophysikalischen Verhältnisse der Sahara. Nach den Forschungs-Resultaten von Barth bis auf Masqueray und Flatters im Zeitraume 1845 bis 1880 für die westliche Hälfte und jener von Caillaud bis auf Güßfeldt und Schweinfurth in den Jahren 1817 bis 1879 ist ein Festhalten an der früheren Auffassung, welche die Sahara als eine einförmige, ebene Mulde, den Boden eines einstigen großen Binnenmeeres darstellt, in jeder Hinsicht unthunlich). Sind auch die Forschungsergebnisse für große Gebiete der Sahara, soweit sie die Topographie und Geologie derselben betreffen, mehr oder minder noch lückenhaft und blieben einzelne Strecken bisher der Forschung überhaupt verschlossen, so genügen doch die erreichten Aufschlüsse, um den that-sächlichen geophysikalischen Charakter der Sahara im All-gemeinen richtig erfassen zu können.

Im selben Maße, als durch die Forschungen und Entdeckungsreisen der Neuzeit, insbesondere aber der letzten zwei Jahrzehnte, der geographische Begriff und die geogra-phische Individualität der Sahara eine den früheren Vor-stellungen in vieler Hinsicht diametral entgegengesetzte Darlegung erfahren mußten und wir erst jetzt ein annähernd wahres und verständliches Bild des Naturcharakters dieses großen Erdraumes gewonnen haben — im selben Maße ist auch die früher übertriebene und abenteuerliche Vorstellung von der Größe der Sahara durch diese Forschungen bedeutend ernüchtert worden. Wohl bleibt noch immer ein großes, ausgedehntes Gebiet übrig, welches absolute Wüste ist, aber von dem einst angenommenen Flächenraume sind nur zwei Drittel geblieben, und auch von diesen muß die Trennung in absolute Wüste und vegetationsfähigen Boden nicht außer Acht gelassen werden. Die natürlichen Grenzen der Sahara zu bestimmen, ist heute noch nicht an allen Punkten möglich, auf weite Strecken, Hunderte von Kilometern umfassend, ist uns die Scheidelinie zwischen den Steppen des Sudans und der Hammada, Sserir- und Dünenflächen der Sahara unbekannt, in großen Zügen dürfen wir jedoch den Südabfall des äußersten Randes des Atlas-Gebirges und die Küsten des Mittelländischen Meeres als Nordgrenze der Sahara bezeichnen, mit dem Zusatze, daß man die an Oasenbildung reiche Zone, welche von dem Südabfalle des saharaischen Randgebirges (Atlas) bis zur eigentlichen Areg-Region reicht und von Ued Draa bis zum Golf von Gabes sich hinzieht, als Vorwüste, oder wie die Franzosen dieses Gebiet zutreffend »le petit desért« nennen, darstellt. Im Westen bildet die Küste des Atlantischen Oceans zwischen 26 und 17° nördl. Breite mit geringer Unterbrechung die Grenze der Sahara, ebenso reicht im Osten der Wüstencharakter dieses Erdraumes zwischen 30 und 18° nördl. Breite fast ausnahmslos bis an die hohen Ufer des Nil.

Die Bestimmung der Südgrenze unterliegt den größten Schwierigkeiten, einestheils weil der Naturcharakter dieses

Grenzgebietes auf weite Strecken hin gänzlich unerforscht
ist, es aber durchaus unzulässig wäre, dafür einen schablonen=
haften Typus aufzustellen, besonders nach den Ueber=
raschungen, die der Erdkunde schon durch die theilweise
Erforschung von Aïr, Tibesti und des Tuareg=Landes er=
wuchsen, andererseits, weil die klimatischen und meteorologi=
schen Grenzbestimmungen allein nicht maßgebend sind und
überdies auf weite Strecken hin gänzlich fehlen. Ohne auf
ermüdende Details einzugehen, können wir hier die Süd=
grenze der Sahara durch folgende Linien bezeichnen. Von
der Küste des Atlantischen Oceans nördlich der Senegal=
Mündung folgt die Südgrenze der Sahara in einer Entfernung
von 30 bis 80 Kilometer, der Thalfurche des Senegal bis 10"
westl. von Greenwich, weicht nun in einem großen convexen,
nach Südosten gerichteten Bogen bis nördlich von Timbuktu
zurück, wird von hier ab durch das linke Ufer des Niger bis
Gogo gebildet und verläuft von hier vielfach undulirend bis
zur Tintümmasteppe zwischen 16 und 17° nördl. Breite. Nach
Osten hin steigt diese Grenzlinie etwa zu 17°, um plötzlich
östlich von Borku bis 15° nördl. Breite herabzusinken, um
hier, eine breite, convexe Mulde bildend, unter 23° östl.
Länge von Greenwich wieder den 16 und 17° nördl. Breite
zu erreichen, in dieser Breite, das Wadi Melhal treffend,
welches so ziemlich die Scheidelinie zwischen der Bajuda=
steppe und jenen Kordofans und der Sahara bezeichnet.

Es ist selbstverständlich, daß weitere Forschungsreisen
und darauf gegründete Untersuchungen diese Bestimmungen
vielfach modificiren werden, nach dem gegenwärtigen Stande
der Kenntnisse bilden diese Linien aber den Rahmen der
Sahara. In diesem Rahmen bedeckt die Sahara ein Gebiet
von 9,159.500 Quadrat=Kilometern oder circa 166.346
Quadrat=Meilen, von welchen jedoch kaum 1,000.000 bis

1,200.000 Quadrat=Kilometer Dünenregionen sind, das Uebrige
dürfte sich in der Weise vertheilen, daß 2,000.000 Quadrat=
Kilometer auf Gebirgs= und Felsenmassen, 1,500.000 auf
Steppen und Weiden, 200.000 Quadrat=Kilometer auf
Oasen und Culturland und der Rest, das sind 4,259.500
Quadrat=Kilometer, auf Hammada= und Sserirflächen ent=
fallen.

Nicht minder als über die Größe haben die neueren
Forschungen, unter welchen diejenigen französischer Officiere
und Gelehrter über die nördliche, centrale und westliche
Sahara wesentlich hervorragen, über die orographische
Gliederung der Sahara eine Fülle von berichtigendem
Detail geliefert, welche die bisher gebräuchlichen irrigen
Anschauungen, welche noch immer, wenn auch in etwas
abgeschwächter Form, in vielen Lehr= und Handbüchern
der Geographie anzutreffen sind, gänzlich beseitigen müssen
und uns ein höchst mannigfaltiges orographisches Bild der
Sahara geben. An Stelle der einförmigen, unübersehbaren
Sandfläche ist ein vielfach gegliedertes Bodenrelief getreten.
Eine Reihe von Plateauflächen, denen isolirte Kegel und
Bergzüge aufgesetzt sind und welche sich an drei Stellen zu
mächtigen Massiven oder Hochländern, oder aber zu deutlich
ausgeprägten Gebirgsketten entwickeln, sind durch Erhebungs=
lücken (relative Depressionen) getrennt und theilen die
Sahara in mehrere scharf gesonderte Becken. Schon ein
flüchtiger Blick auf eine dem Stande der jüngsten For=
schungen entsprechende Karte von Afrika zeigt uns im
Herzen der Sahara drei mächtige Erhebungssysteme, und
zwar das durch Duveyrier in seinen Hauptzügen erkundete
Bergland der Tuareg, südlich davon das durch Barth,
Overweg und Richardson erschlossene Alpenland der Wüste
»Aïr« oder »Asben«, und endlich östlich von beiden das

durch Nachtigal theilweise erforschte Bergland Tibesti oder
Tu mit seiner südöstlichen Fortsetzung zu den Landschaften
Wadschanga und Ennedi.

Bevor wir unser Augenmerk diesen selbst zuwenden,
müssen wir vorerst eine Reihe von Hochflächen in Betracht
ziehen, welche südlich des Südrandes des Atlas=Systems
weit in die Sahara hineinreichen, und obwohl dem land=
schaftlichen Charakter nach der Sahara angehörig, in
orographischer Hinsicht als die Ausläufer des Atlas=Systems
anzusehen sind.

Zwischen dem Ued Draa und Ued Ghir dehnt sich
vom Südrande der äußersten Randketten des Atlas eine
breite, allmählich nach Süden verflachende Hammada aus,
deren Ostrand bis zu 850 Meter über den Ocean sich er=
hebt und steil zum Flußthale des Ghir abfällt; in hydro=
graphischer Hinsicht bildet sie die Wasserscheide zwischen dem
Draa und Ghir. Nach Osten folgt ihr zwischen dem Ober=
laufe des Ued Ghir und seinem Zufluß dem Ued Susfana
das Bu Grus=Plateau, von zahlreichen, meist von Süd=
west nach Nord verlaufenden Bergreihen und inselartig
zerstreuten, domartigen Sandsteinfelsen durchsetzt. Dieses,
sowie das ihm im Osten folgende Plateau der Ulad Sidi
Scheich, dessen an die Dünenregion El Erg angrenzender
Theil als Habilat=Ebene bekannt ist, zeigen ein Gefälle
gegen Süden zur Areg=Region, wie dies deutlich in den
am Nordrande dieser Region zahlreich vorkommenden,
periodisch gefüllten Salz= und Süßwasserbecken (Daya's),
welche das sichtbare Ende der Wasserläufe bezeichnen, aus=
gesprochen ist.

Bis zum dritten Längengrade östlich von Greenwich
streben die Gewässer vom Südrande des algerischen Steppen=
plateaus gegen die durch die Sebcha von Gurara ange=

deutete relative Depression; östlich des genannten Grabes
ist das Gefälle der Gewässer ein entgegengesetztes, d. h. sie
streben alle der unmittelbar im Süden des algerischen
Steppenplateaus sich ausdehnenden absoluten Depression des
Schott Melrhir zu und zeigen, je weiter wir nach Osten
und Süden fortschreiten, einen immer deutlicher nach
Nordost gerichteten Lauf. Die Configuration des Terrains
erklärt uns diese interessante hydrographische Thatsache
vollständig. Oestlich des Plateaus der Ulad Sibi Scheich
dacht sich das Terrain nicht mehr in rein südlicher Richtung, sondern in südöstlicher und weiterhin in östlicher
Richtung zur Depression des Ued Rhir ab, nach Süden
aber zwingt ein auf mehr als 3000 Quadrat-Kilometer
ausgedehntes, zu einer mittleren Höhe von 580 Metern
neuerdings aufsteigendes Plateau die Gewässer zur Ab-
lenkung ihres Laufes nach Osten und Nordosten. Dieses
aus dolomitischen Kalken bestehende, eigenthümlich zerrissene
Plateau »Schebka der Beni Mzab« wird eben seines
Charakters halber von den Eingebornen mit einem auf der
Erde ausgebreiteten Netze verglichen, in welchem die Thäler
die Maschen desselben darstellen sollen; das Plateau culminirt nahe seinem Westrande in 725 Meter Seehöhe und
dacht sich in scharf ausgeprägten Stufen zum Wadi Mia
und Ued Rhir ab; das Bett des ersteren liegt bei Wargla
nur 131 Meter, der letztere bei Tuggurt 69 Meter über
dem Spiegel der kleinen Syrte. Nach Süden setzt sich das
Schebka-Plateau der Beni Mzab in der Schebka der Schaanba
fort, erleidet in der Breite von El Golea durch die hier
nur 25 Kilometer breite Dünenregion eine kleine Einsenkung
(402 Meter Seehöhe), steigt aber in südwestlicher Richtung
allmählich, aber stetig an und entwickelt sich zu dem nach
Nordosten fächerartig ausgebreiteten Plateau von Tade-

mayt, dessen West- und Südrand (600 Meter Seehöhe) steil zum Oasencomplex von Tuat und Tibikelt abfällt. In orographischer Hinsicht bildet dieses Plateau das südlichste plateauartig entwickelte Vorgebirge des Atlas-Systems, in hydrographischer bildet sein West- und Südrand die Wasserscheide zwischen den beiden abflußlosen Gebieten von Tuat und dem Schott Melrhir.

Das Relief des algerischen Steppenplateaus und seiner beiden Abdachungen, sowohl der mediterranen als saharischen, werden die folgenden hypsometrischen Daten am besten charakterisiren.

Wir finden im westlichen Theile des Plateaus auf der Linie Oran — Daya Habessa (580 Kilometer Luftlinie) folgende Profilcoten:

Oran 50, Le Tlelat 137, Mascara 594, Saïda 868, Nordrand des Plateaus 1115, Kreïder (Salzkruste des Schott el Schergi) 952, Géryville 1307, Südrand des Steppenplateaus 1265, El Abiod Sidi Scheich 861, Daya Habessa 403 Meter Seehöhe.

Im mittleren Theile auf der Linie Algier — In Salah (1100 Kilometer Luftlinie):

Algier 20, Blidah 260, Medeah 654, Boghar (Nordrand des Plateaus) 970, Aïn Ussera 710, Dschelfa 1167, Südrand des Plateaus 1305, El Aruat (Laghuat) 780, Metlili 505, Culminationspunkt der Schebka der Beni Mzab 725, El Golea 402, Südrand des Tademayt-Plateaus 600, In Salah 137 Meter.

Im östlichen Theile auf der Linie Philippeville-Tuggurt (450 Kilometer Luftlinie):

Philippeville 15, Smendu 540, Constantine 637, Sidi Mimum 440, Batna 1035, El Kantara 517, Biskra 125,

Schott Melrhir — 29 (absolute Depression), Tuggurt
69 Meter.

Durch die Niederung des Wadi Akaraba und die
Abschemor-Ebene vom Plateau von Tademayt getrennt,
erhebt sich im Südosten desselben das centrale Bergland
der Wüste, die Hochplateaus der Tuareg. Dieses stellt sich
als eine Reihe über und neben einander gelagerter Hochflächen dar, die sich in Stufen- oder Terrassenform erhebend,
absolute Höhen von 800 bis 2000 Meter erreichen. Aus
der ganzen Masse des Berglandes, das den Raum zwischen
20 bis 27° nördl. Breite und Null bis 30° östl. von Greenwich einnimmt, ragt das Ahaggar- oder Hogar-Plateau als
höchster Theil empor, ihm zunächst schließt sich der Höhe
nach das nördliche Tasili (im Temahaq-Idiom Plateau bedeutend) und die Inhef- oder Anahef-Kette an, während
an der Peripherie des Berglandes als zweithöchste Terrasse
die Akakus-Berge, die Amsak-Kette, die Hammada von Tin-
ghert u. a. Hochflächen sich erheben. Der culminirende Theil
des ganzen Berglandes, das Ahaggar-Plateau, stellt nach
den Erkundigungen Duveyrier's eine ausgedehnte ellipsoidische
Hochebene dar, aus deren höchster Terrasse, Atakor n'Ahaggar
genannt, zwei scharfkantige Pics, Zwillingen gleich, aufsteigen,
welche die Namen Uatellen und Hikena führen und durch
drei Monate des Jahres hindurch schneebedeckt sind, so daß
ihre absolute Höhe jedenfalls 2500 Meter übersteigen muß.
Duveyrier ist ferner der Ueberzeugung, daß sie gleich den
Puy's der Auvergne vulkanischer Natur sein dürften; der
Fund lavaartiger Gesteine im Irharhar, der vom Plateau
der Ahaggar gespeist wird, macht diese Annahme ziemlich
wahrscheinlich. Auch aus den nächsthöheren Terrassen ragen
mehrere Pics empor, welche erloschene Vulkane sein dürften.
In der äußeren Form sind sowohl die Berge als Plateau-

ränder ungemein zerrissen und zerklüftet und größtentheils von schwarzer Farbe, die um so greller von einzelnen weißlichen Felspartien absticht.

Durch die Amadghor-Ebene und ihre östliche Fort-setzung, die Ebene von Admar, von diesem Centralkerne getrennt, erhebt sich in Gestalt eines großen, isolirten schiefwinkligen Parallelogramms mit fast senkrecht aus der Ebene aufsteigenden Mauern das nördliche Tasili, auch das Plateau der Asdscher genannt. Wenn möglich noch zerklüf-teter als das vorhergenannte und von wildestem landschaft-lichen Charakter, ist es von zahlreichen engen und steil-wandigen Thälern durchfurcht und in seinem südöstlichen Theile vom Pic Esokal überragt. In den Thälern stoßen wir auf zahlreiche Wasserlachen und Seebildungen, welche nach Duveyrier einstige Krater vorstellen. An seinem nörd-lichen Rande gewinnt das Plateau das Aussehen eines weitgestreckten Tafelgebirges, das durchgängig denselben zer-rissenen Charakter trägt. Jener rechtwinklig zerklüftete Sand-stein, der den Südrand der Hammada el homra bildet, tritt auch hier auf und formt die Masse des ganzen Ge-birges. Dadurch wird die Landschaft monoton, man mag auch noch so tief in's Gebirge eindringen, so begegnet man stets denselben Bergformen; alle Gipfel und Kämme liegen in gleichem Niveau, alle Profile zeigen dieselben staffelartigen Absätze der einzelnen Schichten und alle Thäler haben den-selben Verlauf: eingesenkt in den groben Schotter, der sich auf beiden Seiten in langen Terrassen ausdehnt und gleich-sam die unterste Stufe des Gebirges bildet. Ohne jeden Pflanzenwuchs und mit schwarzen Steinen übersäet, tragen die Flächen ganz den Charakter der Hammada und bilden eine schroffe Grenze für die Vegetation der tiefer liegenden sandigen Wadis. Nur an den Vereinigungsstellen zweier

Thäler erweitert sich das den größten Theil des Jahres hindurch trockene Flußbett auf Kosten der Schotterterrassen, sonst kommen eigentliche Thalweitungen oder kesselartig eingeschlossene Ebenen sehr selten vor.

Durch die Admar-Ebene vom Atakor n'Ahaggar und dem nördlichen Tasili getrennt, erhebt sich im Süden des letzteren die Inhef- oder Anahef-Kette gleich den beiden vorhergenannten, von zahlreichen Pics überhöht, welche 1600 Meter und mehr absoluter Höhe erreichen. Südlich des Atakor, durch das Thal des Wadi Tin-Tarabin davon getrennt, ragt die Hochfläche des südlichen Tasili empor, deren Streichungsrichtung zu jener des nördlichen fast parallel verläuft, an Höhe aber den drei vorhergenannten Plateaus nachsteht.

Folgen wir dem Thale des Wadi Tafassasset abwärts, so stoßen wir auf eine Reihe kleiner und zusammenhangslos aus der hier durchschnittlich 450 Meter hohen Sahara-Ebene aufragenden Höhenzüge und südlich des 20. Grades nördlicher Breite von den früher genannten Plateaumassen, theils durch öde Hammadaflächen, theils durch Sandwüsten getrennt, auf zwei größere Erhebungsmassen; westlich des Wadi Tafassasset auf das Plateau von Abghagh, dessen südwestlicher Rand die Wässer einst und zuweilen nach tropischen Regengüssen auch jetzt noch zum Nigir sendet, und östlich des genannten Wadi auf das mächtige Bergland Aïr oder Asben.

Der Bau dieses Berglandes, das sich vom 17. bis 19.° nördl. Breite ausdehnt und im Timge-Gebirge steil zu der ihm nördlich vorgelagerten Hammada abfällt, besteht aus fünf größeren Berggruppen, deren Gesammtbreite 100 Kilometer erreicht. Die durchschnittliche Seehöhe der Thäler dürfte 600, die der Berggruppen Baghsen, Timge,

Eghellul und Dogem 1200 bis 1600, die höchsten Gipfel besonders im Timge-Gebirge bis zu 1800 Meter Höhe er-reichen. In den zahlreichen kleinen Thälern, welche kein gemeinschaftliches Flußbett bilden, zeigt sich der noch un-ausgebildete Charakter der ganzen, vorwiegend aus Granit und Basalt aufgebauten Erhebungsmasse. Im Allgemeinen dacht sich das Bergland am schärfsten gegen Westen ab, nach Süden und Osten sind ihm circa 600 Meter hohe Wüstenplateaus (Hammada) vorgelagert, deren Südrand ziemlich steil zum Flachlande Mittel-Sudans abfällt.

Im Norden und Westen des Atakor erheben sich, durch das Wadi Tirhehert von diesem, durch das breite Strombett des Irharhar vom nördlichen Tasili geschieden, zwei Plateaumassen. Das Plateau von Muydir, eine mäch-tige, lang gestreckte Hochebene, deren Ränder auf der einen Seite concav, auf der anderen convex gebößcht sind, wird von den Frauen-Bergen in circa 1200 Meter überragt. Südwestlich des Muydir-Plateaus erhebt sich eine lang-gestreckte Hochfläche Baten Ahenet. Im Westen und Norden dieser beiden Plateaus, welche wir als die äußeren Ränder oder Vorstufen des ganzen Erhebungssystems bezeichnen möchten, senkt sich der Boden der Sahara zu einem Tief-lande, dessen tiefste Stelle die Mündung des Wadi Tirhe-hert in den Ued Mssaud sein dürfte und kaum mehr als 90 bis 100 Meter über dem Spiegel des Mittelmeeres liegen wird. Die Annahme Duveyrier's, daß der Ued Mssaud (Ghir im Ober-, Ued Sjaura im Mittellaufe genannt) mit seinen zahlreichen Zuflüssen (Wadi Akaraba, Tirhehert u. s. w.) im Westen des Baten Ahenet-Plateaus unter dem Sande der Igidi-Region dem Ued Draa zustrebe, ließ sich, so wahrscheinlich sie durch die Configuration und Seehöhe der Igidi-Region zu Recht besteht, bisher nicht nachweisen, da eben das ganze Gebiet zwischen dem Ued Messaud und dem Ued Draa terra incognita ist.

Dieses relative Depressionsgebiet ist indessen von keiner großen räumlichen Ausdehnung, da sowohl im Norden des Wadi Akaraba und im Osten des Ued Ssaura das Tademaÿt-Plateau derselben eine Grenze setzt, während im Westen des Wadi Tirhehert und zwischen diesem und dem Wadi In Amedschel in einem flachen, nordwärts culminirenden Bogen bis zum Berglande Abrar im Westen, eine wüste, vegetations- und wasserlose, 120 bis 200 Kilometer breite Hochfläche von unbekannter mittlerer Erhebung (die wahrscheinlich kaum weniger als 250 bis 300 Meter betragen dürfte) unter dem Namen Tanesruft und Aftot die beiden Dünengebiete Igidi-Maghtir und Adafer trennt.

Ueberblicken wir die Gliederung des Bodens der Sahara im Westen des Tuareg-Berglandes und des Plateaus von Adghagh, so sehen wir, daß der überwiegend größte Theil des Raumes zwischen diesem, dem Mittellaufe des Niger und Senegal und der Westküste von Hammadas ausgefüllt wird, welche durch Dünenregionen getrennt sind. Auf größeren Strecken entwickelt sich die Hammada zu deutlich ausgeprägten Plateaumassen, an anderen Orten ist sie von Reihen isolirter Höhenzüge und Kegelberge durchsetzt, in ihrem allgemeinen Niveau aber stets mindestens von nahezu zweifacher Seehöhe als die Dünenregion. Von Osten nach Westen fortschreitend, finden wir unmittelbar im Westen des südlichen Tafili das Afalele-Plateau, oder jenes der kleinen Wüste, von der Tanesruft durch einen Dünenstreifen und das Thal des Wadi Gedem getrennt. Nach Süden übergeht dieses Plateau in die Azauad-Hammada, die sich allmählich zum Niger abdacht, während im Westen der die größte Einsenkung der westlichen Sahara bildende und steinsalzreiche Dünencomplex El Dschuf (Leib der Wüste), in einer wahrscheinlich 100 Meter nicht übersteigenden Seehöhe ge= legen, beide Hochflächen im Westen begrenzt.

Verfolgen wir das Tanesruft=Plateau nach Süd= westen, so gelangen wir zu dem Berglande Adrar, das wir am treffendsten als eine Anhäufung von Bergzügen bezeichnen können; thatsächlich besteht Adrar aus mehreren Reihen in der Richtung Nord=Süd streichender, parallel zu einander verlaufender Berge, welche durch dünenerfüllte breite Thäler von einander getrennt sind. Die Höhe der Berge, unter welchen einzelne (wie der Tideres) ziemlich bedeutend die übrigen überragen, ist leider bisher auch nicht annähernd bestimmt worden.

Nach Süden sind dem Adrar=Lande (Adrar bedeutet in allen berberischen Dialecten so viel wie Berg, Gebirge) das Waran= und Taganet=Plateau, aus welchem letzteren der Doange=Berg sich erhebt und westlich von diesem die Hammada von Aftot vorgelagert. Das nach Nordosten zur Landschaft El Dschuf abfallende Taganet=Plateau über= geht nach Südosten in das Plateau der Walata=Wüste, dessen gebirgsartig erhöhter Ostrand unter dem Namen Thahar Walata bekannt ist.

Im Nordosten und Osten des Adrar=Landes durch die tieferliegenden Dünengebiete Akschar, Asfal und Magthir von ihm geschieden, erhebt sich das Uled Delim=Plateau, so genannt nach dem Stamme der Uled Delim, ihm schließt sich im Norden das Plateau der Ragg=Wüste, endlich südlich des Ued Draa, das Draa= und Harib=Plateau an. Nach Westen fallen die beiden ersteren allmählich zum flachen Dünenstrande zwischen Cap Blanco und Cap Dschuby, das Draa=Plateau hingegen ziemlich steil zur Küste ab, während im Süden Partien der Akschar= und Maghtir=Dünen ihre

Grenze bilden. Die durchschnittliche Seehöhe aller dieser das Bodenrelief der westlichen Sahara bedingenden Plateau= flächen, zumeist hammabaartigen Charakters, dürfte (directe Messungen fehlen bisher leider noch immer) zwischen 160 bis 400 Meter schwanken, und zwar derart, daß dem Abghagh=Plateau die höchste, dem Aftot=Plateau die geringste Erhebung zukommt.

In nördlicher und nordöstlicher Richtung sind dem Berglande der Tuareg eine Reihe von terrassenförmigen Plateaus vorgelagert, welche den Charakter der Hammaba, d. h. einer steinigen, wasserlosen Hochfläche in seiner ganzen Schärfe an sich tragen. Westlich des Irharhar finden wir zunächst, durch die Abschemor=Ebene und die Depression des Wadi Akaraba vom Mundir=Plateau getrennt, das Tin= ghert=Plateau in nordöstlicher Richtung streichend und durch die breite Thalfurche des Irharhar durchbrochen; östlich dieses Durchbruches immer breiter werdend, geht es endlich in die Hammada el homra über.

Der Nordrand dieser in der Geographie der Sahara so oft genannten und für den Hammaba=Charakter typischen Hochfläche, welche bei einer mittleren Erhebung von 500 Metern in circa 700 Metern Seehöhe culminirt, bilden die vom inneren Winkel der kleinen Syrte in südöstlicher Richtung streichenden, zur Alluvialebene Dschefara steil abfallenden Höhenzüge Dschebel Dahat und Duriat, weiterhin und zwar östlich von Nalut in vorherrschend oftnordöstlicher Richtung streichend, die Massen des Dschebel Nefusa, Yefren, Ghurian und endlich die Tarhona=Berge, welche mit den un= mittelbar zur Mittelmeer=Küste abfallenden Messalata=Bergen die Dschefara=Ebene im Süden halbkreisförmig abschließen. Einzelne kegelförmige Pics dieses zerklüfteten Nordbrandes der Hammaba el homra erreichen 730 bis 780 Meter.

Im Westen bildet die Areg-Region, im Süden die Dünen-
Region Ebeyen (im Temahaq gleichbedeutend mit Dünen)
die Grenze der Hochfläche; nach Osten fällt die Hammada
el homra allmählich zur Syrtenwüste ab, und ihre Abdachung ist hier von zahlreichen breiten Flußbetten (Wadi
Sjusedschin, Wadi Bel, Wadi Um el Cheil u. s. w.) durchfurcht. Ueber das allgemeine Niveau der Hammada ragen
insbesondere nahe den Rändern zahlreiche isolirte Berge
und Hügel empor, so daß die Oberfläche, welche durch Einsenkungen noch weiter gegliedert wird, keineswegs die ihr
meist zuerkannte absolute Einförmigkeit des Reliefs zeigt.

Nach Südosten immer an Breite abnehmend, besitzt
die Hammada el homra dort, wo ihr die Schwarzen Berge
oder der Dschebel es Soda aufgesetzt sind, nur mehr 60
bis 80 Kilometer Breite. Die Schwarzen Berge, denen
Hornemann und v. Beurmann vulkanische Natur vindiciren,
streichen in einem nach Süden culminirenden Bogen und
finden ihre Fortsetzung im Dschebel Schergija, Harudsch
assod, der, ebenso wie der östlicher gelegene und mit ihm
wahrscheinlich verbundene Dschebel Morai-je den Contouren der großen Syrte parallel verläuft. Die größte absolute Erhebung erreicht die ganze Kette im mittleren Theile
der Schwarzen Berge, woselbst Rohlfs die Höhe des Dschebel
Nabet es Djrug zu circa 1300 Meter, jene des Qualb Warqau
im Südwesten der Oase Dschofra zu circa 900 Meter schätzt,
während Hornemann und v. Beurmann, welche östlich davon
an zwei verschiedenen Stellen den Schwarzen Harudsch über-
stiegen, die Kamm- und Gipfelhöhe wesentlich geringer fanden.
Nach Norden fällt der Schwarze Harudsch zur Syrtenwüste,
der Dschebel Morai-je zum Westende der Libyschen Wüsten-
Depression ziemlich steil ab. Der wesentlich sanftere Südabfall der Schwarzen Berge und des Schwarzen Harudsch

geht in eine zweistufige Hammada über, welche zum Wadi
e Schati und in dem Harudsch el abiab (Weißer Harudsch)
genannten Theile) ziemlich steil, sonst aber zur Hammada
von Mursuk und zur Libyschen Sandwüste sich allmählich
abdachen.

Im Westen von den Edeyen=Dünen und im Osten
von der Libyschen Sandwüste eingerahmt, und in ihrer
Mitte selbst wieder zwischen dem 11. und 15. Grad östl.
Länge von Greenwich eine größere Sandwüste einschließend,
erstreckt sich dadurch, in zwei schmale Aeste getheilt, die
Hammada von Mursuk in südwestlicher und südlicher Rich=
tung; vom Wadi e Schati (350 Meter Seehöhe) stetig nach
Südwesten bis zu ihrem, durch die Akakus=Berge gebildeten
Westrande, und ebenso nach Süden, hier aber erst südlich
des 24. Grades nördl. Breite zu der dem Tümmo=Gebirge
vorgelagerten Hammada ansteigend. In der Richtung
gegen die meridional streichenden Akakusberge, deren Gipfel
bis 980 Meter Höhe erreichen, beträgt die Niveaudifferenz
zwischen dem tiefsten Punkte (Wadi e Schati) und dem
höchsten, durch die Ränder gebildeten Punkte 450 Meter,
in westlicher Richtung zu den Amsak=Bergen 200 Meter,
in südlicher Richtung, wo der Kamm des Tümmo=Gebirges
800 Meter Höhe erreicht, 600 Meter; Mursuk selbst,
wonach die Hammada ihren Namen erhielt, liegt in einer
Hofra genannten Einsenkung, in 503 Meter Seehöhe.
Jenseits der Akakus=Berge stoßen wir bereits wieder auf
das nördliche Tasili.

Mit dem zweiten großen Erhebungssystem der cen=
tralen Sahara, östlich der Karawanenstraße Tripoli=Kuka,
dem Berglande Tibesti oder Tu, steht das Bergland der
Tuareg durch eine, einer breiten, nach Süden bis zum
Tsadsee=Becken reichenden und zu diesem steil abfallenden

Hammada aufgesetzten Bergkette in Verbindung, von welcher wir nur den bereits erwähnten, von der Karawanenstraße Tripoli-Kuka übersetzten Theil als Tümmo- oder War-Gebirge kennen. Im Verhältniß zum Südrande des Tasili, der südlich von Rhat (787 Meter Seehöhe) Höhen von 1500 Meter zeigt, fällt der Kamm der verbindenden Berg-kette im selben Maße, als wir nach Osten fortschreiten (Tümmo-Gebirge mit circa 950 Meter Gipfelhöhe), ab; östlich desselben wird indessen die Kammhöhe wieder zu-nehmen müssen, um jener des Tarso-Gebirges im Lande Tu sich anzuschließen. Aus der dem Tümmo-Gebirge im Süden und dem Tarso-Gebirge im Westen vorgelagerten Hammada erhebt sich unter dem Namen Asasi ein System von wildzerklüfteten Bergketten und Felsgruppen, das den Uebergang zum Berglande Tu vermittelt.

Das eigentliche Bergland der Tibbu oder Teda, Tibesti oder Tu erhebt sich im Raume zwischen 18 und 22° nördl. Breite und behält auf seiner ganzen Ausdehnung zwischen diesen Parallels eine durchschnittliche Breite von 180 Kilometern bei. Im centralen Theile bildet das Tarso-Gebirge eine einfache Kette mit kurzen Ausläufern, welche den Ursprung der Flußthäler begleiten, und streift anfänglich bis zum Cul-minationspunkt dem Emi Tusidde (2501 Meter), fast in meridionaler Richtung; hier, unter 20° 40′ nördl. Breite liegt nach Nachtigal, dem Erforscher des Berglandes Tu, auch der Knotenpunkt des ganzen Erhebungssystems; nach Süden löst sich die einfache Kette auf und stellt ein Gewirre von Ketten und Gruppen dar, welche eine ausgedehnte Gebirgslandschaft erzeugen. Die allgemeine Streichungs-richtung der Ketten und die Anordnung der Gruppen ist mit jener des nördlichen Tasili (Nordwest bis Südost) ziemlich genau übereinstimmend.

3 *

Einen ähnlichen und nahezu gleich hoch culminirenden Knotenpunkt wie das Tarso=Massiv im Tusidde scheint der südöstliche Theil des Gebirges im Emi Kussi*) zu besitzen. Nach den Mittheilungen Nachtigal's scheint jedoch keinerlei zu= sammenhängender Kamm oder Kette diese beiden Knoten= punkte zu verbinden, vielmehr dürfte die Verbindung durch zahlreiche Felsenketten und Gruppen mannigfachster Anord= nung hergestellt werden. Vom Massiv des Emi Kussi lösen sich zwei kurze Höhenrücken ab, beide jedoch von geringer Entwicklung, indem der nördlich streichende schon nach circa 50 Kilometer Länge sich zur Hochfläche des Libyschen Wüstenbeckens abdacht und an ihren Endpunkten im Gummer und Jibi=Dajo kaum mehr als 1000 bis 1200 Meter Höhe behalten. Der Abfall der ganzen Bodenerhebung im Lande Tu scheint nach den Beobachtungen Nachtigal's, mindestens im nördlichen Theile nach Osten zu steiler zu sein als nach Westen, trotz des um circa 100 bis 150 Meter höheren Fußpunktes der ganzen Erhebung auf Libyscher Seite (Ennedi Tao 700 Meter, Bardaï 800 Meter). Einen An= haltspunkt für die Annahme, daß diese Böschungsverhält= nisse auch südlich des Tarso=Massivs statthaben, mag wohl die Erscheinung bieten, daß die zahlreichen in das Gewirr von Erhebungen eingesenkten Flußbetten auf dem westlichen Abhange meist erst nach einem Laufe von 50 bis 100 Kilometer Länge die Eserirfläche der Ebene erreichen und hier versiegen.

Die Niveaudifferenz zwischen Nord=, resp. Nordost= Fuß, und Süd=, resp. Südwest=Fuß des Bergsystems Tu dürfte indeß weit ausgeprägter im südlichen Theile des ganzen Systems sein, dort nämlich, wo in der Landschaft

---

*) Nachtigal berichtet über alljährlich wiederkehrende Eisbildung auf dem Gipfel des Berges.

Borku südwestlich des Amanga-Bergzuges als äußerster markirter Abfall des Systems in den Thalmulden von Kischikischi und Bir Tungur, zugleich der tiefste Punkt der
Tsadsee-Becken-Depression mit 170 Meter,*) liegt, während
die Thalsohle des Ennedi Uri am Nordfuße eines dritten
Knotenpunktes secundärer Bedeutung, des Emi Guro, keines-
falls mehr als 50 Meter unter dem allgemeinen Niveau
des südlichen Libyschen Wüstenplateaus (450 bis 500 Meter)
liegen dürfte.

Ob sich das Erhebungssystem auch durch die Landschaft Wanjanga fortsetzt und mit der Berglandschaft Ennedi
oder Baele be zwischen 15 bis $17\frac{1}{2}°$ nördl. Breite im
Zusammenhange steht, läßt sich heute noch nicht feststellen,
von einer ununterbrochenen Kammlinie kann bei der Natur
des ganzen Systems wohl kaum die Rede sein.

Nach den Erkundigungen Nachtigal's und den allerdings etwas unsicheren Notizen Moh. el Tunsy's dürfte die
mittlere Erhebung der im Abi Ming culminirenden Berglandschaft Ennedi, deren einzelne Höhenzüge fast meridional,
andere von Südwest nach Nordost streichen, kaum 700 bis
800 Meter überschreiten; nach der kartographischen Darstellung Nachtigal's möchten wir dieselbe eher als nördlichsten,
resp. westlichsten Rand des hochsudanischen Plateaus gegen
die Libysche Wüste und das Tsadsee-Becken auffassen.

Verfolgen wir vom inneren Winkel der kleinen Syrte
ausgehend, das Relief der Sahara in südöstlicher Richtung
bis zum Sudan, so werden wir finden, daß die Hammada
el homra, die Hammada von Murzuk, das Bergland der
Tibbu in der Ausdehnung Gabes-Wanjanga die natürliche

---

*) Nach Nachtigal's Angaben wegen der Unsicherheit des Materials
nur von approximativem Werthe.

Scheidewand zwischen dem Becken der Libyschen Wüste und der bedeutend größeren, an Hochflächen überwiegend reichen, westlichen Sahara bildet. Dabei ist die mittlere Seehöhe dieser um kaum 50 Meter im Durchschnitte größer als jene des Libyschen Wüstenbeckens.

Ueber die hypsometrischen Verhältnisse des östlichen Theiles der Libyschen Wüste hatte uns schon Rohlfs auf seiner Expedition 1873/74 die interessantesten Aufschlüsse gegeben, der westliche Theil hingegen war bis vor Jahres=frist noch terra incognita. Nun ist durch die Unermüd=lichkeit Rohlfs', des Veteranen unter den hervorragenden Afrika=Reisenden unserer Zeit, auch dieser Schleier gelüftet. Wir wissen nunmehr, daß nicht nur die Depression im Süden des Libyschen und Cyrenäischen Plateaus sich nicht weiter gegen das Innere der Wüste erstreckt, sondern daß unmittelbar im Süden der schmalen und durch locale abso=lute Depressionen charakterisirten Erhebungslücke das Terrain stetig, wenn auch nur durch Instrumente nachweisbar, an=steigt und die große Oase Kuhfarah (Kufra), welche fast im Herzen des libyschen Sandmeeres liegt, schon in einer durchschnittlichen Meereshöhe von circa 300 Meter, Kebabo der südlichste Oasencomplex von Kufra aber 400 (nach Hann 492) Meter über dem Spiegel des Mittelmeeres sich erhebt, was mit der von der Rohlfs'schen Expedition beob=achteten Steigung des Bodens westlich der Libyschen Oasen (Dachel) speciell im Westen von Regenfeld 440 Meter und im Westen von Beris durch G. Schweinfurth zusammen=gehalten, den Beweis liefert, daß auch die Libysche Wüste im Großen und Ganzen ein Hochland ist.

Daß die Zone absoluter Depression am Nordrande des Libyschen Sandmeeres nur durch kleine und locale Ge=biete absoluter Senkung unter den Spiegel des Mittel=

meeres charakterisirt wird, daß mithin jener breite und
lang gestreckte, gewöhnlich grün angelegte Streifen von den
Karten verschwinden muß, haben die Beobachtungen und
Höhenmessungen Dr. Stecker's, des Begleiters von Rohlfs,
gezeigt, indem derselbe für Audschila eine mittlere Seehöhe
von 27·9 (nach Hann 41) und für Dschalo eine solche von
circa 17 Metern fand. Diese Erscheinung läßt den Schluß zu,
daß sich die bedeutende absolute Depression bei Bir Ressam
(von Rohlfs 1869 auf — 100 Meter geschätzt) auf eine
solche von wenigen Metern reducirt wird. Der Betrag hat
indeß für die Darstellung der orographischen Verhältnisse
keine Bedeutung, definitiv vermag nur ein genaues Nivelle-
ment die Existenz dieser localen Depression constatiren. Die
absoluten Depressionsgebiete im Süden des Libyschen Wüstenplateaus beschränken sich mithin auf diejenigen der Jupiter
Ammon-Oase (Siuah) — 29 Meter, Arabisch-Oase — 75, Hat-
tieh — 30, Ssittrah-See — 15 Meter und Kurn-See — 41·7
Meter bei einer Gesammtfläche von ca. 1000 Quadrat-Kilometer.

Ebenso allmählich wie nach Süden zum Oasencomplex
Kufra steigt das Terrain der östlichen Sahara nach Norden
zum Plateau von Barka, richtiger zu der Hochebene des
Cyrenäischen Plateaus oder Dschebel el achbar (Grünes
Gebirge) an, dessen steil zum Mittelmeere abfallender Nordrand bei Krenna, dem alten Cyrene, in circa 680 Meter,
dessen als Dschebel Erküb bekannter und ebenso steiler Nord-
westabfall in circa 400 Meter culminirt. Die Abdachung
des Plateaus nach Süden ist bis hart an das Libysche
Depressionsgebiet eine sanfte allmähliche, nur stellenweise,
am Rande steiluferartig abstürzende, so z. B. besonders
prägnant im Südosten des Golfes von Bomba am Wadi
el Agara el Remla und östlich von Dschalo, an der Hügel-
kette von Gerdoba. Nach Osten in der Richtung gegen

das Nil-Delta und dem Kurnsee (Birket el Kurn) baut sich
als niedrigere, circa 100 bis 170 Meter hohe Stufe des
oben genannten, das Libysche Wüstenplateau an, nahezu
gleich steil nach Norden zum Mittelmeer als Dschebel el
Akabah, Akabet el Kebir und Akabet es Sogher (dessen
Ausläufer das Vorgebirge Ras el Kanais deutlich markirt),
zum Libyschen Depressionsgebiete abfallend, und hier die
weithin sichtbaren, Steilufer ähnlichen Kalkwände bildend.
Zum größten Theile eine weite gleichförmige, wenig unbe-
lirte Ebene bildend, sind derselben nahe dem östlichen
als Dschebel Dakar bekannten, vorgebirgsartigen Ende zwei
Zeugenmassive von circa 100 bis 180 Meter relativer Höhe
(Gur* eb Dih und Gur el Laban) aufgebaut.

Zwischen dem Nil und den Libyschen Oasen bis zur
Einmündung des Wadi Melk in den Nil, südlich von Beris
immer an Breite abnehmend, bis es sich zwischen diesem
und dem Wadi el Kab bis auf circa 15 Kilometer Breite
verengt, breitet sich zunächst eine steinige, zusammenhängende
Hochebene aus, die von keinem einzigen nennenswerthen
Quer- oder Längenthal durchschnitten, von keiner stolzen
Bergspitze gekrönt wird. Einer riesigen, gegen Osten ganz
seicht abgedachten Tafel von rauher Oberfläche vergleichbar,
hört dieses durchschnittlich 150 bis 250 Meter hohe, zwischen
Esneh im Nilthale und der Oase Chargeh mit 453 Meter,
zwischen der Oase (Uah) Chargeh und Dachel mit 538 und
im Charaschaf nördlich der Uah Dachel mit 444 Meter
culminirende Plateau, im Norden etwa am Wadi Faregh
auf, wird im Osten vom Nil begrenzt und im Westen
durch die Oasen-Einsenkung scharf abgeschnitten. Nur nordwestlich von Farafrah springt eine Zunge von dreieckiger

*) Gur = Zeuge des einstmaligen Terrain-Niveaus (Inselberg).

Form in's Herz der Libyschen Wüste hinein. Durch das circa 3 Meter über dem Spiegel des Mittelmeeres liegende Depressionsgebiet der Natron=Seen (Wadi en Natrun) von der Hauptmasse dieses Plateaus getrennt, schiebt sich ein Aus= läufer desselben bis in die nächste Nähe des Nil=Deltas vor, besitzt aber nur mehr eine durchschnittliche Höhe von 100 bis 150 Meter.

Südlich des 13. Breitegrades geht dieses Plateau mit der Hochfläche des Libyschen Sandmeeres verschmolzen und zum großen Theile selbst mit Dünencomplexen bedeckt in die folgende und höhere Stufe der hochsudanischen Plateauzone ohne merkliche Gliederung über.

Die Darstellung der topographischen Gliederung der Sahara wäre aber wieder nur eine höchst lückenhafte, wollten wir uns auf die Darstellung der einfachen orogra= phischen Verhältnisse beschränken. Das Bild der Oberfläche dieses ausgedehnten Erdraumes, den wir als Sahara be= zeichnen, wird auch in orographischer Hinsicht erst dann ver= ständlich, wenn wir auf die verschiedenen Formen und das Ma= terial der Bodenerhebungen gebührende Rücksicht nehmen. Auch hierin haben die jüngsten Forschungsreisen unsere bisherigen Annahmen wesentlich berichtigt. Beginnen wir gleich mit dem eben erwähnten Wüstenplateau zwischen den Uah=Oasen und dem Nil=Thale.

Zittel, der Geologe der Rohlfs'schen Expedition 1873/74, giebt uns im Folgenden ein äußerst klares Bild derselben.

Meist ist der Boden von scharfkantigen Blöcken und Steinen, seltener von Gerölle oder Feuersteinsplittern über= säet. Oftmals wandert man auch über Strecken, wo ge= waltige, bombenähnliche Kalksteinkugeln von ½ bis 2 Meter Durchmesser massenhaft umherliegen. Die Araber nennen diese seltsam, zuweilen durch Reif, Thau und Sonnen=

gluth geborstenen und in viele Segmente zerfallenen Gebilde »Batieh« (Melonen), mit denen sie in der That eine gewisse Aehnlichkeit besitzen. Fehlt der lockere Schutt und legt nicht Flugsand einen seichten Teppich über die Hochebene, so tritt der vorstehende Fels unverhüllt zu Tage. Die mächtigen grauen, zuweilen auch rosig und violett gefärbten Kalksteinplatten sind von treibendem Flugsand glatt polirt und ihre glasharte Oberfläche wirft mit hellem Glanze die Sonnenstrahlen zurück. Man glaubt sich hin und wieder in die südeuropäischen Karstgebirge versetzt, nur daß hier alles noch öder und lebloser als dort.

Steht man auf einer Anhöhe und läßt den Blick über die todtenstille, vegetationslose Landschaft schweifen, in welcher sich starrer Fels in unabsehbarer Form ausdehnt, so wird das Menschenherz von einem überwältigenden Gefühl der Einsamkeit ergriffen.

Selten ist der Horizont auf dem Libyschen Kalksteinplateau von weiter Ausdehnung. Wohl giebt es, namentlich westlich von Farafrah, Flächen, wo das Auge eine endlos erscheinende Ebene überschaut, wo kein Hügel, kein Höhenzug dem Wanderer die Wegrichtung anzeigt; aber in der Regel ist der Gesichtskreis durch terrassenförmige Stufen oder durch vereinzelte Hügel beschränkt; kaum erhebt sich indessen eine dieser Terrassen unmittelbar aus der Ebene, fast immer wird sie schon meilenweit vorher durch einen breiten Gürtel von Inselbergen angekündigt, welche wie Vorposten den folgenden Steilrand decken. Aus der Form und Zusammensetzung dieser Inselberge geht mit Bestimmtheit hervor, daß sie ehemals mit der benachbarten Terrasse ein zusammenhängendes Ganzes gebildet haben mußten, daß sie durch zerstörende Einflüsse von jener abgetrennt wurden und nun als isolirte Ueberbleibsel gewissermaßen das feste Knochen-

gerüfte eines Körpers darstellen, bei welchem alle Weich=
theile der Verwesung anheimgefallen sind.

Durch den treppenförmigen Aufbau des Kalkstein=
plateaus wird dem Reisenden manche Enttäuschung bereitet.
Man erblickt aus weiter Ferne das lang gestreckte, fast ge=
geradlinige Profil des Höhenzuges, welchen die klare Wüsten=
luft durch eine eigenthümliche Verzerrung aller verticalen
Dimensionen anfänglich als ein ansehnliches Gebirge er=
scheinen läßt. Man nähert sich begierig dem scheinbar
immer niedriger werdenden Steilrande und hofft dort einen
Ausblick über Berg und Thal zu gewinnen — aber nichts
von alledem. Eine einförmige steinige Fläche, der eben
durchschnittenen vollständig ähnlich, breitet sich aus; nach
einem Tagemarsch vielleicht beginnt ein neuer Gürtel von
Inselbergen, auf diesen folgt ein zweiter Steilrand, und so
geht es weiter, bis die Höhe des Plateaus erreicht ist,
welches theils aus einer mit Steinen bedeckten Ebene, theils
aus einem wilden, für Karawanen schwierig passirbaren
Felsengewirr (Charaschaf) besteht. Im Vergleiche zur übrigen
Wüste spielt der gelbe Sand hier eine ziemlich unter=
geordnete Rolle; nur ausnahmsweise zeigt er sich zu lang
gestreckten Dünen angehäuft, öfters füllt er seichte Ver=
tiefungen des Bodens aus, wobei er sich zuweilen mit
großen Massen von abgerolltem Feuerstein und Chalcedon=
knollen vermischt und durch diese eine rothbraune Färbung
erhält. Die Plateauwüste zeichnet sich durch ihre gänzliche
Wasserlosigkeit aus. Auf dem ganzen, mindestens 450 Kilo=
meter langen und streckenweise 300 bis 380 Kilometer
breiten Gebiete giebt es nicht einen einzigen Baum, ge=
schweige denn einen Bach oder Fluß, und auch die ver=
einzelten großen, mit prächtigen Stalaktiten ausgekleideten
Höhlen enthalten jetzt keinen Tropfen Wasser mehr.

Den Charakter absoluter Wasserlosigkeit theilt das vorher beschriebene Gebiet der Plateauwüste mit der weiter westlich gelegenen Dünenwüste. Diese beginnt zum Theile schon in der Oasen-Einsenkung und setzt sich im nördlichen Theile bis zum 22.° östl. Länge von Greenwich, im südlichen Theile bis in die Nähe von Wadschanga und Ennedi fort. Sie ist die trostloseste, langweiligste und monotonste Gegend aller Wüstenformen, sie erscheint uns furchtbar und widersinnig zugleich, sie ist diejenige Form, welche das Gemüth am schaurigsten ergreift, da sich hier zur Unfruchtbarkeit des Bodens noch die Unstetigkeit desselben gesellt.

Nicht völlig unvermittelt schließt sich die Dünen= wüste an das Kalkplateau oder an die Oasen-Einsenkung an. Eine langsam aufsteigende Ebene aus eisenschüssigem Quarzsandstein, dem sogenannten nubischen Sandstein ge= bildet, dehnt sich zunächst westlich von den Oasen aus. Ihre Oberfläche von einem wüsten Gewirr grober Stein= blöcke überstreut, erscheint wie vom Rauch geschwärzt, namentlich da, wo der Eisen= und Mangangehalt den Sandstein zu einem förmlichen Erzlager umgewandelt. Vereinzelte Dünenzüge aus sechs bis acht Ketten bestehend, ziehen sich anfänglich in Abständen von ein bis zwei Tag= reisen quer durch die wasserlose, fast ganz vegetationslose Ebene, bis sie weiter im Westen immer näher zusammen= rücken. In kurzem Abstande folgt hier Zug auf Zug, alle in paralleler Richtung von Nordnordwest nach Südsüdost streichend. Die Zwischenthäler füllen sich gleichfalls mit Sand aus und so wandelt sich schließlich die ganze Land= schaft in ein einziges unermeßliches Sandmeer um, aus welchem die zuweilen über 100 Meter hohen Dünenketten wie riesige erstarrte Wellen hervorragen. Hier erscheinen die Dünen als förmliche Gebirgszüge, leicht kenntlich an

ihrer lichtgelben Farbe und ihrem vielköpfigen, welligen
Profil. Niemals ist ihre Stirn geradlinig wie die Kalk=
steinterrassen der Plateauwüste, sondern in Abständen von
1 bis 2 Kilometer erhebt sich stets ein etwas abgerundeter
Gipfel mit einem gegen Norden sanft, gegen Süden steil
abfallenden Gehänge. Auch im Querschnitte unterscheiden
wir zwei verschieden geformte Abhänge. Die dem Winde
zugekehrte Seite der Dünenkette in der Libyschen Wüste —
im Winter die westliche — steigt langsam und allmählich
an, ihre Oberfläche ist am Fuße, namentlich nach einem
Sturme, wellig gekräuselt, gegen den Gipfel wird die Stei=
gung steiler und oben der Grat ist haarscharf abgeschnitten.
Von da fällt die dem Winde abgekehrte Seite mit so steilem
Winkel ab, daß man oft Stunden, ja halbe Tage lang
längs der Dünenkette zu marschiren genöthigt ist, um eine
Einsenkung aufzusuchen, welche der Karawane das Ueber=
schreiten ermöglicht. Das Material der Dünen in der
Libyschen Wüste besteht aus dem reinsten, lichtgelben
Quarzsand von verschiedener Feinheit des Kornes. Ueber
den Ursprung dieses Sandes kann kein Zweifel obwalten.
Im nubischen Sandstein, welcher viele tausende von
Quadrat=Kilometern im Südosten der Sahara bedeckt und
sich noch weit in den Süden hinein verbreitet, haben
wir das Muttergestein dieses beweglichen Elementes zu
suchen.

Weder die Plateau=Landschaften zwischen dem Nil
und den Uah=Oasen, noch die Dünenregion im Westen
derselben sind aber durch eine gleiche Einförmigkeit charak=
terisirt als die unübersehbaren Sserirflächen auf der Route
von Dschalo nach Wadai, als die Kalanscho=Sserir zwischen
Audschila und Dschibbena. Auf der ganzen, 360 Kilometer
(in der Luftlinie) langen Strecke Battifal=Taşserbo (der

nördlichsten Oasen von Kufra) sieht man, wie Rohlfs sich
äußert, absolut nichts anderes als den Himmel und den
kiesigen Boden. Der Kies ist manchmal gröber, manchmal
feiner; stundenlang marschirt man über linsen= und erbsen=
große Kieselchen und dann wieder stundenlang über nuß=
große Kiesel. Als einzige Abwechslung findet man mit=
unter eine Bank vorstehenden Gesteins — Sandstein —
und gelten solche Punkte als wahre Erholung für das
suchende Auge, welches Tag und Nacht nach Gegenständen
lugt, aber nichts entdecken kann. Ganz denselben Charakter
trägt die etwas größere Strecke zwischen Kufra und dem
sudanischen Vorlande Wadschanga an sich. Schon der nörd=
liche Theil zwischen Battifal und Taŷserbo ist dem Raume
nach jedenfalls die größte einförmige Ebene der Erde, im
Vergleiche zu ihr könnte man nach Rohlfs die Steppen
Rußlands coupirtes Terrain nennen.

Einen weit verbreiteten Typus des orographischen
Charakters der Bodenoberfläche bilden die sogenannten
Charaschaf=Landschaften, es sind dies bald größere, bald
kleinere Flächen bedeckende Labyrinthe von Felsblöcken der
verschiedensten bizarrsten Form und Größe. So ist z. B.
die ganze Gegend zwischen Sella und Audschila in topo=
graphischer Hinsicht ein chaotisches Durcheinander. Da giebt
es keine prägnanten Gebirgsketten, keine Hochebene, keine
ausgedehnten Sjerirs, keine Wadis, die einen längeren
Lauf hätten. Die ganze Gegend besteht aus riesigen Zeugen,
die zwar nicht hoch, aber doch sehr ausgedehnt an Form
sind und meist rechtwinklig abfallen. Durch diese Gegend
zieht sich überdies eine Dünenkette, welche von Westen nach
Osten verläuft und mindestens von Sella bis zur Ammon's
Oase (Siuah) reicht. Obwohl die Sandmassen keine regel=
mäßigen Ketten bilden und keine große Breite besitzen,

erreichen sie dennoch die ansehnliche relative Höhe von 100
Metern.

Denken wir uns die Sahara im Meridian von Tri-
polis beiläufig halbirt, so werden wir finden, daß die östliche
Hälfte im diametralen Gegensatze zu C. Ritter's Darstellung
vor 60 Jahren den emphatischen Namen Sahara bela ma,
d. h. die Wüste ohne Wasser, weit eher verdienen würde.
Sowohl die Kalanscho-Sserir, als auch jene zwischen
Battifal und Tayserbo und zwischen Kebabo und Wadschanga
(eine Strecke von 360 bis 540 Kilometer), das Libysche
Sandmeer zwischen Regenfeld und der Ammons-Oase in
einer Erstreckung von 420 Kilometern sind völlig wasserlos,
die ersterwähnte Sserirfläche nach Rohlfs' ausdrücklicher
Bemerkung absolut vegetationslos, während im Dünenmeere hie und da eine kärgliche Rtem- (Retem)-Vegetation
sich fortfristet.

Der Meridian von Tripolis bildet auch ziemlich genau
die Grenze der beiden weitverbreiteten Formen, der Sserir
und der Hammada, d. h. der nackten, harten Hochflächen
im Gegensatze zur kieselbesäeten ersteren. Beiden Theilen
sind die zahlreichen Inselberge, Zeugen, Gurs (Garat) und
die Dünenlandschaften gemein, nur erreichen diese in der
westlichen Hälfte eine weit größere Mannigfaltigkeit und
größere Entwicklung der einzelnen Dünenformen. Sowohl
in der Region der Edeyen im Süden und in der Areg-
Region im Westen der Hammada el homra, des Erzeu-
gungsherdes dieser beiden Dünencomplexe, erreichen die
Dünen nach den übereinstimmenden Berichten der Forschungsreisenden selbst im Libyschen Sandmeere bisher un-
bekannte Dimensionen.

So weit auch der Blick reichen mag, sieht das Auge
nichts als Sandmassen, die in der Anordnung ihrer Ober-

fläche einem vom Sturm gepeitschten, mit berghohen, riesigen
Wogen erfüllten Oceane gleichen, nur mit dem wesentlichen
Unterschiede, daß im Meer selbst der heftigste Orkan, möge
er Cyklone oder Taifun heißen, niemals Wogen von solcher
Höhe zu erzeugen vermag, wie sie hier im unübersehbaren
Sandmeer vorkommen. Bald sind es lange Ketten von
parallel laufenden Dünen, welche den Wüstenplan durch-
kreuzen und mit den dazwischen liegenden Thälern einem
riesig vergrößerten, frischgepflügten Acker gleichen, bald aber
wieder bunt durcheinander gewürfelte, bis 200 Meter hoch
und auch höher angehäufte Dünenberge, zwischen welchen
sich einzelne kleine Thäler hinschlängeln. Zuweilen, wenn
man nach zahllosen Zickzackwindungen des Weges den Grat
einer solchen Düne erreicht hat, erblickt man zu seinen
Füßen einen tiefen Schlund, dessen Ränder gerundet und
glatt wie die eines riesigen Trichters sind und den man
fast ganz umkreisen muß, um eine Passage zum nächsten
Dünengrat zu finden. In der Tiefe des Abgrundes, vor
der man unwillkürlich zurückschreckt und selbst die sonst
so phlegmatischen Kameele unter ängstlichem Brüllen zurückweichen, unterscheidet man eine einheitliche Fläche von tief-
schwarzer Färbung; es ist der ursprüngliche Boden von
Sandstein, der durch die Wirbelstürme, die diesen Trichter
im Laufe der Jahrhunderte gegraben, von der Sanddecke
entblößt und blos an der Oberfläche vom grellen Lichte
zersetzt erscheint. Ein andersmal erblickt man eine Reihe
von engen und tiefen Thälern, deren Sohle von zahllosen
großen Sandrigeln wie von Adern durchzogen ist, zwischen
welchen die wenigen und seltenen Pflanzen kümmerlich
emporsprießen, welche die in diesen trostlosen Gegenden einzig
und allein sich aufhaltenden wilden Thiere, deren Spuren
man im Sande allenthalben verfolgen kann, zu ernähren

vermögen. Diese Thäler sind von einer Reihe fast nadel=
förmig zugespitzter Kegel umrandet, die, in ihrer Anord=
nung den Zähnen einer Säge gleichend, vermuthen lassen
müssen, sie seien alle aus einem und demselben röthlich=
gelben Felsblock geschnitten, wenn nicht der Wind unab=
lässig, ja unter den Augen des Reisenden die beweglichen
Kanten dieser Zähne verändern würde.

Oft kommt es vor, daß man mitten in diesem er=
starrten Wogenmeer auf ansehnlich große Flächen stößt, wo
der ursprüngliche Boden nackt zu Tage tritt und entweder
vollkommen eben, dem ruhigen, kaum zartgekräuselten Spiegel
einer vollkommen geschützten Bucht inmitten des tobenden
Meeres gleicht, oder von tiefen Furchen durchzogen ist, an
deren Sohle kleine, abgerundete Hügel des ursprünglichen
und nun vorstehenden Gesteins in regelmäßigen Reihen
angeordnet erscheinen. An diesen freien, vom Sande ent=
blößten Flächen ist der Felsboden derart zersetzt, daß er
dem Tritte noch eher als der Sand der Düne selbst nach=
giebt. Je weiter wir in die Areg=Region eindringen, desto
chaotischer wird die Bildung, die Formweise der Dünen,
desto höher diese selbst; wenn aber einzelne Reisende von
1000 Metern hohen Dünen schreiben, so hat ihnen die Phan=
tasie bei Schätzung der relativen Höhe der Dünen arg mit=
gespielt; inmitten dies sinnverwirrenden Chaos' von scheinbar
himmelanstrebenden Sandbergen ist das Auge ohne festen
Halt, ohne sicheres Maß der Vergleichung, ebenso wie der
Neuling im Ocean den Wogen die abenteuerlichsten Dimen=
sionen beimißt. Im Maximum erreichen die Dünen selbst
dort, wo der aus festem Gestein bestehende Kern sich 100
bis 150 Meter über das allgemeine Niveau der Gegend
erhebt, kaum mehr als 300 Meter, während Dünen,
die durchaus aus Sandschichten bestehen, selten mehr als

100 bis 150 Meter Höhe erreichen. Die in's Unend=
liche gehende Mannigfaltigkeit der Höhenverhältnisse und
Formen erzeugt eben das sinnverwirrende Chaos der
Areg=Landschaft; neben einer kleinen, nur 2 bis 3 Meter
hohen, kaum 100 Meter an der Basis im Umfange messen=
den Düne folgt nicht selten eine solche, deren Höhe 100 Meter,
deren Umfang an der Basis 4 bis 6 Kilometer übersteigt.
Die Bewohner dieser Region, beständig ihre Wohnplätze
wechselnde Nomaden und Jäger unterscheiden unter den
zahllosen Nuancen von Formen vier bestimmte Charaktere,
und zwar: Gara als eine Art stummer Zeugen erdiger,
zuweilen felsiger Natur, die das Niveau des ursprünglichen
Bodens markirt; Ghurd, der wirkliche Sandberg, die
Maximalhöhe der Düne erreichend; Semla, eine regelmäßige,
lang gestreckte Düne, dem Rücken eines Esels vergleichbar,
mit beiderseitig normalem Abfall; Eif, Düne einer Säbel=
klinge zu vergleichen, mit scharfer Kante und fast verticalem
Abfall auf einer Seite. Diese Dünenformen sind unter sich
durch vier bestimmte Arten von Einschnitten oder Einsen=
kungen (Thälern) getrennt, welchen die Araber die Namen
Tenija, Wad, Hod und Sahan gaben. Bleibt zwischen
zwei Dünen nur ein schmaler, enger Sattel, ein Paß, der
dann den Karawanen als Passage dient, so heißt dieser
Einschnitt Tenija; die Ueberwindung dieser Sättel ist aber
mit großen Schwierigkeiten verbunden, da zufolge der Enge
dieser Pässe der Wind gerade hier große Massen von lockeren
Flugsand anhäuft. Ist die Einsenkung zwischen zwei
Dünen breiter in der Richtung des herrschenden Windes
offen, dem sie ihre Entstehung verdankt, so heißt man sie
Wad, an der Sohle derselben sammelt sich das Regen=
wasser, wovon auch der Name Wadi (Flußbett) herrührt.
Nehmen diese Einsenkungen in Folge der kreisähnlichen

Gestalt einer Düne den Charakter eines Labyrinths an, so
heißen sie Durija, erweitert sich die Einsenkung allseitig zu
einer oft mehrere Kilometer breiten Mulde, so heißt sie
Hob; ist die Sohle einer solchen großen Mulde eben und
von leichtem Flugsand und krystallinischem Gyps bedeckt,
so heißt die Einsenkung Sahan. In diesen Einsenkungen,
welche der Araber mit einem Netz von Adern (Erg, Areg)
vergleicht — daher auch der Name der ganzen Region —
führen die Karawanenwege und finden sich die spärlichen
Brunnen, ohne welche die Passage durch die Dünenlandschaften
dem Menschen unmöglich wäre.

Wenn wir die Formen der Dünen näher beobachten,
so finden wir, daß dieselben nach der Windseite convex, auf der
Leeseite concav sind, mit gleicher Böschung, und zwar bei den
Ghurds so steil, daß kein Mensch und kein Thier sie erklimmen
kann, während bei einigen Semlas der Abfall auf der Leeseite zu überwinden ist. Den irrigen Vorstellungen über
die Gewalt des Windes und dessen Einfluß auf die Veränderungen der Formen großer Dünen gegenüber, sei hier
bemerkt, daß, obwohl die Dünen im Allgemeinen in der
Richtung der Passatwinde, also von Nordost nach Südwest
vorrücken und jeder Reisende bei länger anhaltendem und
heftigem Gebli Zeuge der Entstehung kleiner Dünen sein
kann, eingreifende Veränderungen an der Grundform und
dem Umfange großer Dünen wohl erst nach einem Menschen-
alter wahrzunehmen sind. Die Beweglichkeit des Flug-
sandes ist allerdings eine große, und selbst ein mäßiger
Wind verwischt die Spuren einer Karawane derart, daß nur
der Kameelmist kurze Zeit die Fährte bezeichnet, die Fuß-
stapfen eines nur wenige Meter vor uns schreitenden
Menschen sind in wenigen Minuten verschwunden, doch werden
die durch diese Beweglichkeit des Sandes hervorgerufenen

4*

Veränderungen durch in ihrer Richtung und Bahn entgegen=
gesetzte Winde in vielen Fällen theilweise paralysirt; anders
wäre es kaum möglich, daß gewisse markante Dünen von
den Karawanenführern mit speciellen Namen belegt, durch
Jahrzehnte diesen als sicher erkennbarer Wegweiser dienen.

Es erübrigt uns noch, den geognostischen Charakter
der Sahara und des Atlas=Systems zu besprechen und in
Verbindung damit die Frage der einstmaligen Meeres=
bedeckung derselben nach dem Stande der neuesten Forschungs=
resultate zu erörtern, eine Frage von erhöhtem Interesse, da
bekanntlich die wiederholt ventilirten Projecte einer Inun=
dation der Sahara ihre Berechtigung von der Existenz
gleicher Verhältnisse zu Beginn der gegenwärtigen geologischen
Epoche ableiten, andererseits dieselben wieder für die Er=
klärung der Eiszeit so lange Zeit hindurch mit Vorliebe
herangezogen wurde.

Die Phase der Afrika=Forschung unserer Tage bringt
es mit sich, daß die positiven Daten über den geognostischen
Charakter Afrikas noch ziemlich spärlich sind. Die Zeit,
wo die Forschung die Feststellung der topographischen Grund=
züge des dunklen Erdtheils mit wünschenswerther Klarheit
und Gründlichkeit bewältigt haben wird, ist noch immer
nicht erreicht, wenn auch der als terra incognita anzu=
sprechende Raum von Monat zu Monat zusammenschrumpft.
Die Natur der Arbeit des Geologen fordert hinlängliche
Muße bei seinen Untersuchungen, ein Ding, das dem
Forschungsreisenden in Afrika selten nach Belieben zur Ver=
fügung steht. Trotz dieser relativ und absolut spärlichen
geologischen Aufschlüsse ist es bei dem Umstande, daß der
geognostische Bau Afrikas im Allgemeinen nach den großen
Linien eines einfachen Planes verläuft, doch schon möglich,
in großen Zügen ein Bild desselben zu entwerfen und be=

sonders für die Sahara, wo wir, Dank der Arbeiten von Renou, Ville, Marès, Duveyrier und Zittel, ein sehr schätzbares Material besitzen, die obenerwähnte Frage zu ventiliren.

Dem geologischen Bau nach vermittelt das Küstenland von Tanger bis Tunis, d. h. das Atlas=System, den Uebergang zu Europa. Je weiter wir jedoch von der Küste nach Süden vordringen, desto mehr verliert sich diese Uebereinstimmung. Eine Grenzbestimmung des einst mit Europa zusammen= hängenden Körpers von Nord=Afrika läßt sich heute noch nicht ziehen, da wir noch keine Kenntniß der entsprechende Ver= steinerungen führenden Schichten besitzen. Im nordwestlichen Theile, d. h. in den westlichen Barbaresken=Staaten, treten krystallinische Schiefergebirge, aus Gneiß, granitführendem Glimmer= und Chloritschiefer, sowie aus körnigem Marmor bestehend, zwar nicht als selbstständige Gebirgszüge auf, hingegen als vereinzelte Massive an vielen Stellen zwischen Tanger und Bona und auch im Innern als schmale Streifen und Ellipsen von neptunischen Bildungen umringt. In Begleitung dieses Schiefergebirges finden wir im Rif und im kleinen Atlas von Oran bis Constantine steil aufge= richtetes Uebergangsgebirge aus Thon und Kalkthonschiefer, Grauwacke, Quarzit und aus Kalkstein zusammengesetzt, wobei die Kalksteine des Rifs älterem (silurischem), die rothen Sandsteine, deren Verbreitungsgebiet ziemlich aus= gedehnt ist, jüngerem (devonischem) Uebergangsgebirge an= gehören. Porphyr und Erzgänge treten in beiden auf.

Ueber diese ältesten Gebirgsschichten folgen ungleich= förmig gelagert Secundärbildungen. In nahezu ähnlicher Entwicklung wie in den Alpen finden wir hier Lias und Jura und die ganze Kreideformation, ferner Nummuliten= gebirge, und von ihm aufwärts die ganze Reihe des jüngeren

Tertiärgebirges von den fischreichen Infusorienmergeln bei Oran bis zu den marinen Kalksteinbildungen der Küste und den Diluvial=Ablagerungen der Ebene. Das Auftreten von Basalten beweist, daß in mitteltertiärer Zeit hier auch vulkanische Thätigkeit statthatte.

Ueber den geologischen Bau des Atlas=Systems, der einzigen Gebirgsmasse mit ausgesprochener Kettenbildung, besitzen wir leider nur wenige Daten, die wir dem Eng= länder Ball und den Deutschen K. v. Fritsch und O. Lenz verdanken. Die Schwierigkeiten, welche die fanatische Be= völkerung dem Erforschungswerke in Marokko entgegensetzt, hat es bisher verhindert, den Atlas an mehreren Stellen seiner ganzen Ausdehnung nach zu überschreiten und das geologische Profil zu bestimmen. O. Lenz, welcher erst im verflossenen Jahre den Atlas in seinem westlichsten Theile zwischen Imintjanut und Wislah überschritten, fand die Vor= berge aus weichen lichten Kalken und Mergeln bestehend, an deren Basis sich ein Streifen rother Sandsteine hin= zieht, während das folgende Plateau nach allen Richtungen von kleinen isolirten Fetzen festen rothen Sandsteins durch= zogen wird. Der zweite höhere Parallelzug besteht aus festen, quarzitischen rothen Sandsteinen, während die dritte Parallelkette aus Thonschiefern und Quarziten besteht, welche mächtige Lager von Brauneisenstein einschließen. Auch soll silberhaltiger Bleiglanz vorkommen.

Genau in: Südsüdosten der Hauptstadt Marokko hatten Hooker und Ball im Jahre 1871 und K. v. Fritsch im Jahre 1872 den Atlas bis zur Wasserscheide zwischen der Ebene von Marokko und dem Sus=Thale, d. h. die Kammhöhe der Hauptkette im Passe von Tagherut (Tisi Tacherat) in einer Höhe von 3581 Metern erstiegen. Ihre Beobachtungen über den geognostischen Bau der Hauptkette

stimmen jedoch nicht völlig überein. Nach Ball besteht die
ganze Ebene von Marokko von den steilen, circa 750 Meter
hohen Bergen im Nordwesten von Marokko (Metamorphische
Felsen) aus lichten, weißen Kalken und grauen Mergeln,
denen an einzelnen Stellen, so z. B. an den Kameelhügeln,
tafelförmige Massen von Chalcedonen auflagern, während
am Fuße des Gebirges rothe Porphyrite das Streichen
der Kalke durchbrechen. Südlich von Fruga, am Fuße der
Hauptkette, traf Ball auf vertikal streichende Grauwacke-
schiefer, und in einer Höhe von 670 Metern mächtig entwickelte Geröllwälle an den Abhängen der Berge, welche
bis zur Höhe von 1300 Metern reichen und aus regellos
gelagerten Sand- und Kalksteinblöcken von Bachkiesel- bis
Hausgröße gebildet sind. Grünsteingänge durchsetzen die
Schiefer- und Kalksteinlager, in größeren Höhen durchbrechen Gänge von Amygdaloid-Basalt die Reihen der
rothen Sandsteine und Kalke. In einer Höhe von circa
2000 Metern besteht die Masse des Gebirges aus rothen
und grünen Porphyriten und Porphyr-Tuffen, von grobkörnigen Dioritschichten durchbrochen, in denen selbst
wieder Gänge und Adern von compactem Basalt zu
Tage treten.

In der Höhe von 2200 Metern glaubte Ball auf entwickelte Moränenbildung von Porphyrblöcken und das trockene
Bett eines Hochgebirgssees gestoßen zu sein, worauf er auch
auf die einstige Existenz großer Gletschermassen im hohen Atlas
zu schließen sich berechtigt hielt. C. v. Fritsch, der nahezu
genau denselben Aufstieg nahm, bestreitet die Moränenbildung
und konnte nirgends Gletscherschliffe entdecken. Er hält die
Masse scharfkantiger Felstrümmer als ein Werk mächtiger
Bergstürze, wie sie zahlreich genug in den Alpen beobachtet
wurden. Es muß wohl vorläufig dahingestellt bleiben,

auf weſſen Seite die richtige Auffaſſung zu ſuchen iſt, um
ſo mehr, als ſelbſt Fritſch es bedauert, nicht jene Punkte
aufſuchen gekonnt zu haben, an welchen nach Mittheilung
ſeiner Führer ſteinhart gefrorner Schnee (Gletſchereis) zu
finden ſein ſoll. Im Uebrigen ſchildert auch Fritſch die
Reihenfolge der Geſteinsſchichten ähnlich wie Ball.

Auf eine Zone großer Geröllblöcke von rothem Sand=
ſtein neben granitiſchen und ſyenitiſchen am Fuße des
Gebirges folgen Dolomite mit rothen Thonen wechſellagernd.
Die gerundeten Formen der Vorberge ſind aus paläozoiſchen
Schiefern gebildet, auf den Plateaus walten rother Sandſtein
und Kalkbänke vor. In manchem der Seitenthäler des
Abhanges tritt Dolomitmandelſtein, von rothen Letten be=
gleitet, als Salzgebirge auf. Das Salz bildet hier keines=
wegs hervorragende Felſenblöcke, ſondern nur von nach=
gebröckeltem Letten theilweiſe verſteckte Wände der Waſſer=
riſſe. Es iſt ein grobkryſtalliniſches Steinſalz mit Thon
durchwachſen und mit Adern von rothem faſerigen Gyps
durchzogen. Jedenfalls iſt das Vorkommen von Steinſalz
im Verbande mit altvulkaniſchem Geſtein ein ſehr auf=
fallendes. In großer Höhe fand auch Fritſch das Hervor=
treten von Dioritporphyren und Melaphyren, und die Gipfel=
region von dunklen, zackigen Felſen aus Aphanitporphyr
und hellen, kryſtalliniſchen, petrefaktenfreien Kalkſteinmaſſen
gebildet.

Während die miocänen Schichten der Tertiär=Epoche
im Atlas=Gebirge ziemlich vollſtändig entwickelt ſind, be=
rühren dieſelben kaum die Sahara, und ſelbſt dort, wo dies
der Fall iſt, wie z. B. am Fuße des Dſchebel Aures, ſind
es meiſt Süßwaſſer=Ablagerungen, keineswegs marine Bil=
dungen. Ueber unabſehbare Flächen iſt hingegen die Kreide=
formation verbreitet, beſonders im nördlichen Theile der

Sahara und namentlich im Becken des Irharhar von den Abhängen des Hoggar=Plateaus bis zu den Küsten Tripolitaniens und von El Goleah bis El'Aruat. Ihr Vorkommen verlängert sich vom Fuße des Algerischen Schott=Plateaus über den Oberlauf des Ued Ghir bis zu den Küsten=erhebungen am Atlantischen Gestade der Marokkanischen Sahara. Von allgemeinster Verbreitung in dieser ausgedehnten Zone ist besonders die Schichtenreihe zwischen dem Töpferthon (Gault) und der weißen Kreide. Inselförmig erhebt sich aus den Süßwasserkalken das Schebka=Plateau der Beni Mzab als dolomitischer Kern heraus.

Die im Atlas mächtig entwickelte Juraformation wurde bisher in der Sahara nicht bestimmt nachgewiesen, oder es besteht in den Relicten seit der paläozoischen Epoche eine große Lücke. Die paläozoische Formation ist im centralen Berglande der Sahara durch devonische Sandsteine ver= treten', welche über krystallinischen Massen lagern, die in der ganzen Südhälfte der Sahara bis tief in die hoch=sudanische Plateauzone vorherrschen.

In der Libyschen Wüste reicht die Nordgrenze des quarzführenden und eisenschüssigen Sandsteins (Nubischer Sandstein) bis Uah Dachel, ihm folgen Kreidekalkstein bis zur kleinen Oase, dann Nummulitenkalk, diesem (in Siuah) Thon, welcher Gyps und Steinsalz führt, schließlich jüngere, petrefaktenreiche Tertiärkalke.

An der Cyrenäischen Küste stoßen wir auf jüngste Bildungen, auf Meeressandstein. In westlicher Richtung reicht der Nummulitenkalk vom Nilthale bis zum Algerischen Schott=Plateau. Aus dem Innern der Sahara wurde bisher noch kein Vorkommen der Nummulitenformation bekannt. Das Fehlen derselben wird uns, wie wir später sehen werden, Anhaltspunkte zur Beurtheilung der Frage der Meeresbedeckung der Sahara in quaternärer Zeit an die Hand geben.

Verhältnißmäßig gut bekannt ist der geognostische Charakter der Sahara längs der großen Karawanenstraße Tripoli=Kuka. Von den Ufern des Tsad gelangen wir über die Kalksteinplatte von Kanem, in der Tintümma auf den allgemein verbreiteten an der Oberfläche geschwärzten Sand= stein, der sich fast bis Mursuk erstreckt. Ihm schließt sich nördlich der Kalkstein der Hammada von Mursuk mit ein= gebetteten Thonlagern und Salzablagerungen an, beide jedoch unter großen Massen von Flugsand vergraben. Im Wadi Häran tauchen bereits Granitklippen hervor, welche den scharfen Steilrand der Hammada el homra zur Edeyen= Wüste markiren. Zu beiden Seiten breitet sich wieder Sand= stein aus, in welchem Versteinerungen des devonischen Ueber= gangsgebirges entdeckt wurden, so z. B. in der Amsak=Kette von Overweg und Duveyrier, am Nordrande des Tasili in der Nähe der Oase Timmassanin, von Bu Derba (Batonne und Coquand). Zonen von Sandstein auf Thon und Gyps lagernd, folgen solche von gelbem Feuerstein und rothem Kalkstein, endlich folgt das mächtig entwickelte Kreidegebirge, an dessen Rande im Plateau von Ghurian sich der Phonolithkegel von Takul erhebt. Zwischen Mursuk und Rhat erhebt sich über dem schwarzen Sandstein ein Kalksteinplateau mit Petrefakten des Kohlen= und jüngeren Uebergangsgebirges.

Wie eine große Insel erhebt sich aus dem paläozoischen Gesteinen der Umgebung das granitische Hoch= und Berg= land Aïr; aus gleichem Material dürften die Bergland= schaften Wadschanga und Ennedi aufgebaut sein, während die Hauptmasse von Tibesti dolomitisches Land ist. Im cen= tralen Berglande der Sahara, im Hoggar=Gebirge, sowie in Tibesti wird die paläozoische Formation von trachytischen und basaltischen Gesteinen durchbrochen, ebenso fehlen solche in dem Berglande Air nicht. Ueber den vulkanischen Charakter des Tarso-Massivs, das nach den Mittheilungen Nachtigal's ausgeprägte Kraterbildungen und Schwefelthermen zeigt, läßt sich noch kein entscheidendes Urtheil fällen, da das Bergland bisher geologisch noch vollkommen terra incognita ist. Einer noch fehlenden geologischen Erforschung des Tuareg-Massivs (Attakor n'Ahaggar) muß es ebenso noch vorbehalten bleiben, den von Duveyrier signalisirten vulkanischen Charakter derselben, die Existenz erloschener Vulkane, als welche Duveyrier den Pic Ejokal und alle prominenten Gipfel des Tafili, sowie des centralen Massivs bezeichnet, zu bestätigen. Der Fund von lavaartigem Gestein (nach der Bestimmung von Des Cloizeaux) im Irharhar-Bette verdient jedenfalls die höchste Beachtung, da v. Bary, welcher bis zu den Süßwasserlachen von Mihero vorgedrungen war, als Gebirgsformation nur jenen an der Oberfläche tiefgeschwärzten, vollkommen horizontal geschichteten Sandstein entdecken konnte, welcher von Mursuk bis Rhat und in der Hammada el homra das Auge ermüdende Tafelflächen und Tafelberge bildet.

Auch die von Hornemann, Beurmann und Duveyrier als basaltisch angesprochene Formation im Dschebel es Soda und im Harudsch an der Seite von Kalk- und Sandsteinbildungen sind bisher nicht zweifellos nachgewiesen.

Für die westliche Sahara dürfen wir von der epochemachenden Forschungsreise von O. Lenz, von Tarudant über Tenduf nach Timbuktu die interessantesten Aufschlüsse erwarten, da Lenz als erster Geologe die Strecke bereist hat. Wir wissen nur von Panet, daß unter dem horizontal geschichteten Sandstein im Bergland Aderer, Granit und

dunkle quarzige Schiefer sich aufbauen und von Basaltkuppen überragt werden. In Schingit tritt unter dem salz-
führenden Sandsteingebirge, in dem auch die großen Stein-
salzlager von Taubeni und Idschil eingebettet sind, ein
zweiter Granitzug hervor, ebenfalls von Eruptivmassen
überragt, wie denn auch der Fridschi wahrscheinlich ein
Trachytdom ist.

Je weiter nun die geologische Durchforschung der
Sahara fortschreitet, um so schwieriger und unhaltbarer
wird der Stand der Anhänger der Meeresbedeckung der
großen afrikanischen Wüste in jüngster geologischer Epoche.
Vergeblich hat man bisher nach den Anzeichen eines großen
Binnenmeeres gesucht, welches in quaternärer Zeit die ganze
Fläche der Sahara bedeckt hätte, die Petrefaktenfunde be-
weisen vielmehr, daß das Ahaggar-Massiv bereits damals
seine heutige Erhebung und Gestalt hatte und sein Empor-
steigen keineswegs den Abfluß dieses vorausgesetzten Binnenmeeres erzeugen konnte. So groß auch die Ausdehnung
der quaternären Formation in der centralen und nördlichen
Sahara ist, so bedarf es keines supponirten Binnenmeeres,
um diese zu erklären. Für die Libysche Wüste hat bereits
Zittel die Unzulässigkeit der Annahme einer einstmaligen
Bedeckung derselben durch ein Diluvialmeer nachgewiesen. Er
läßt die Dünen aus nubischem Sandstein entstehen, indem er
bei deren Bildung und Ausbreitung die Hauptrolle dem Winde
zuerkennt. Als Südgrenze der einstigen eocänen Ausbreitung
des Mittelmeeres in der Syrtenwüste können wir den Fuß
des Dschebel es Soda, Schergija, Harudsch assod und Moraije,
sowie die Sserir zwischen Battifal und Kufarah betrachten.
An allen Orten nördlich dieser Linie, so z. B. in Bondschem,
Abu Nain, Bir Ressam, fanden sich zahlreiche Relicten von
Meeresbewohnern, welche heute im Mittelmeer noch lebend

vorkommen. Südlich von Audschila nach dem Innern der Libyschen Wüste aber ist auch nicht die geringste Spur ehemaligen Lebens zu finden. In Kufra besteht die Masse des Gebirges aus Sandstein, welcher mit einer schlackigen Masse von lavaartigem Aussehen übergossen ist.

Die mächtigen, petrefaktenführenden Schichten (Sandstein, Kalke, Kalksandstein und Feuerstein) am Dschebel es Soda und dem ganzen nördlichen, respective östlichen Abfall der Hammada el homra und Hammada von Mursuk enthalten im Allgemeinen dieselben Specimen wie das Plateau der Libyschen Wüste, auch Nummulitenschichten und Korallen derselben Art wie am Dschebel Edmonstone in Uah Dachel. Besonders versteinerungsreich sind die Gegenden um die Oasen Bu Nain und Dschibbena, hier erreichen die Lager eine Mächtigkeit, hinter welcher jene der Schichten in der Libyschen Wüste weit zurückstehen und zahlreiche Ostreen, Conus, Patelliden, Ammoniten und Foraminiferen enthalten.

Die natürliche geologische Grenze der Libyschen Wüste liegt indeß nicht am Nil, sondern an dem aus altkrystallinischen Gesteinen bestehenden Gebirgszug längs der Küste des Rothen Meeres. Paläozoische, triasische oder jurassische Schichten wurden bisher im Bereiche des egyptischen Territoriums, wie Zittel*) bemerkt, nirgends nachgewiesen. Unmittelbar über den krystallinischen, ruhen Gebilde der Kreideformation, zu welcher auch der sogenannte nubische Sandstein gehört. Die Kreide aber wird allenthalben von Eocänbildungen bedeckt. Merkwürdig und auffallend ist jedoch die Thatsache, daß es in dem Libyschen Wüstenplateau keine scharfe Trennung zwischen Kreide- und Tertiärzeit giebt.

---

*) Ueber den geologischen Bau der Libyschen Wüste. Festrede. München 1880.

Weitaus der größte Theil der Libyschen Wüste scheint ebenso wie die westliche Sahara seither Festland geblieben zu sein. Nur für die schmale Depressionsregion der nördlichen Oasen am Südrande des Cyrenäischen Plateaus läßt sich eine marine Ueberfluthung in jüngerer geologischer Zeit aufrecht erhalten.

Die große Ausdehnung quaternärer Bildungen in der nördlichen Sahara, insbesondere im westlichen Theile (westlich vom Meridian von Tripolis), läßt sich in keiner Weise als Argument für eine posttertiäre marine Ueberfluthung der Sahara ausbeuten, denn conform der quaternären Bildungen in anderen Theilen der Erde, welche vorherrschend fluviatilen und lacustrinen Ursprungs sind, während marine Ablagerungen eine geringe Rolle spielen, da die Continente und Meere nach der Tertiärperiode in ihren jetzigen Umrissen bereits der Hauptsache nach fertig gebildet waren, enthalten die quaternären Ablagerungen in der Sahara fast ausschließlich Süßwasserconchylien. In der Schichtenfolge und dem Conchylienfunde nach gleichen sich die quaternären Bildungen zwischen Wargla und dem Schebka-Plateau der Beni Mzab, nahezu ganz jenen auf dem 600 bis 1000 Meter hohen Schott-Plateau, für welches wohl kein Geologe je eine posttertiäre Ueberfluthung annehmen würde. Auf diesem Plateau fand man bei der Bohrung des Brunnens von Schabuniah am Oberlaufe des Schelif einen nahezu regelmäßigen Wechsel von 0·1 bis 24·9 Meter mächtigen Schichten verschieden gefärbter Sandsteine und Mergeln. Bis zur Tiefe von 11 Metern reichte das Alluvium des Schelif, bis zur Tiefe von 130 Metern reichte in abwechselnden Schichten von quarzführendem weichen Sandstein, Quarzsand, gelblichen und röthlichen, zuweilen gypsführenden Mergeln die quaternäre Terrasse, bis zur

reſtlichen Tiefe von 380·3 Metern endlich pliocäne Schichten=
reihen mit marinen Foſſilien, welche dieſer Formation ent=
ſprechen.

Wenn alſo nach allen oben angeführten Thatſachen,
Beobachtungen und Unterſuchungen eine allgemeine marine
Ueberfluthung der Sahara in poſttertiärer Zeit nicht ange=
nommen werden kann, ſo bleiben uns zur Erklärung der
großen Dünenmeere ſowie der das Staunen und die Be=
wunderung der Geologen hervorrufenden Steilränder der
Eocänkalke in der Libyſchen Wüſte und der Inſelberge
(Zeugen, Ghurs) in der ganzen Sahara nur die Annahme
einer combinirten Wirkung von Wind und Waſſer. Aus
dieſer combinirten Wirkung, für welche ſich die allgemein
verbreiteten und deutlichen Spuren nicht verkennen laſſen,
müſſen auch jene großartigen Denudations=Erſcheinungen
ſich erklären laſſen, vor denen der Geologe rathlos zu ſtehen
vermeint. Poſitive Geſchichtsdaten ſowohl als auch die in
zahlreichen Sagen fortlebende Tradition, nicht minder wie
die Erſcheinungen einer energiſchen erobirenden Kraft, deren
wenn auch weit gemilderte Herrſchaft wir noch gegenwärtig
in der Wüſte beobachten können, ſprechen dafür, daß die
Sahara in vorhiſtoriſchen Zeiten ein weit feuchteres Klima
beſaß. Dafür ſind die Krokodilteiche von Mihero auf
dem nördlichen Taſili, die Ausſagen Juba's und Plinius',
das Zurückweichen der äthiopiſchen Race vom Mittel=
meer u. ſ. w. ebenſoviele unleugbare Zeugniſſe.

Wie groß die erobirende Wirkung der Gewäſſer noch
gegenwärtig iſt, dafür hat uns Duveyrier einige Beiſpiele
aus dem centralen Berglande der Tuareg mitgetheilt, wo
er in den Jahren 1861 und 1862 in den Winter= und
Frühlingsmonaten zweimal Zeuge geradezu verheerender
Wirkungen der Gewäſſer war, welche Dünenberge und

Geröllmassen von 1000 und mehr Kubikmetern, 10 bis 15 Kilometer weit fortschwemmten. Der Lauf des Irharhar und aller vom Berglande des Tuareg herabkommenden Wadis bieten zahlreiche Beweise der noch gegenwärtig mächtigen Erosionswirkungen.

Die in der ganzen Wüste so häufig und in so großen Mengen dicht bei einander liegenden Blitzröhren können nur von elektrischen Entladungen herrühren, von denen die Regengüsse begleitet waren. Zu der erodirenden Wirkung des Wassers gesellte sich aber auch noch die ungefesselte Kraft der Orkane, welche einst mit einer uns unbekannten Vehemenz gewüthet haben mußten, wofür nicht allein die zahlreich vorkommenden, glänzend polirten, fast geschliffenen, Gletscherwänden gleichenden Platten des anstehenden Ge=steins, sondern auch die einer verkehrt gestellten Birne oder Feige gleichenden Granitblöcke sprechen, welche an der Basis durch die Action des vom Winde aufgewirbelten Sandes zusammengeschnürt, respective abgeschliffen wurden. Die bizarre, oft Gletschertischen ähnliche Form der zahlreichen Zeugen (Inselberge) läßt sich wohl aus der combinirten, erodirenden Wirkung von Wind und Wasser erklären, aller=dings nur unter der Voraussetzung von Zeiträumen, welche wohl Tausende von Jahrtausenden umfassen mögen. Schon die Veränderungen in der Physiognomie der Wüste in historischer Zeit gestatten die Behauptung, daß Wüsten ein meteorologisches Product sind, und zwar die großartigste Leistung der dampfarmen Luftströmungen. Wir können uns die Entstehung der Wüsten unter dieser Voraussetzung leicht vorstellen. Denken wir uns eine mit üppiger Vege=tation geschmückte, größere Landfläche plötzlich in eine solche geographische Lage versetzt, daß nur trockene Winde über sie hinwegwehen könnten. Die Folge wird sein, daß die

Vegetation, deren Gedeihen auf das innigste an das ge=
wohnte Maß von Luft= und Bodenfeuchtigkeit gebunden ist,
binnen wenigen Jahren gänzlich verschwinden und einer
ephemeren Grasvegetation und succulenten Formen Platz
machen wird. Allmählich werden die Flüsse ihren Wasser=
reichthum einbüßen und schließlich nicht mehr im Stande
sein, die frühere Mündung in's Meer oder in ein Binnen=
gewässer zu erreichen, sondern vielleicht schon auf halbem
Wege versiegen. Im innigen Zusammenhange hiermit wird
auch das Binnengewässer, das vorher einen Abfluß besaß,
abflußlos werden, da nunmehr der speisende Zufluß fehlt,
der Wasserspiegel wird immer mehr sinken und das stag=
nirende Wasser wird zusehends auch seine chemische Con=
stitution verändern, es wird salzig werden und im Laufe
der Jahre den Salzgehalt auf dem Boden als feste Kruste
absetzen.

Die Existenz der großen Dünencomplexe in der Areg=
Region, in den Igidi, Edeyen und im Libyschen Sand=
meere, bot aber selbst bei Voraussetzung umfassender
Erosionswirkungen des Süßwassers für die Vertheidiger des
meteorologischen Ursprungs der Wüsten manche Schwierig=
keiten und Streitfragen. Daß an der Bildung dieser Massen
indeß dem Winde eine große Rolle eingeräumt werden muß,
scheint wohl heute keines speciellen Nachweises mehr zu
bedürfen.

Die Entstehung der Dünenmeere läßt sich leicht
folgendermaßen erklären. Unter dem Einfluß der intensiven
Insolation, der chemischen Decompositionskraft des ungemein
kräftigen Sonnenlichtes und endlich der großen Temperatur=
schwankungen in der täglichen Periode erleidet der nubische
Sandstein, welcher auf große Strecken hin die geologische
Formation des Bodens der Sahara bildet, eine tiefgreifende

Zersetzung, es bilden sich im Laufe der Zeit aus den ver=
schiedenen Terrainformen an Ort und Stelle Dünen von
wechselnder Mächtigkeit. Ist die Zersetzung des festen Ge=
steins so weit vorgeschritten, daß der Wind an den einzelnen
Theilchen seine Macht äußern kann, so wird in der Strei=
chungsrichtung des Windes sich allmählich Körnchen an
Körnchen an bem erstbesten Hindernisse, die seinen Theilchen
im Windschatten desselben ansammeln und den ersten Ansatz
zur Bildung von Flugsanddünen abgeben. Der nächste Gebli
oder Samum wird die zersetzten Massen in größerer Quan=
tität von dem soliden Kerne wegfegen und allmählich die
Flugsanddüne erhöhen und an Umfang vergrößern. So
wird das wechselnde Spiel in rhythmischer Reihenfolge
sich fortsetzen und endlich zur Erzeugung von Dünen
führen, die, wie z. B. in der Areg=Region zwischen Wargla
und Rhadames, eine Höhe von 200 bis 220 Meter bei
einem Umfange von 4 bis 6 Kilometer an der Basis
erreichen.

Die Wanderung der Dünen, d. h. das noch heute
unausgesetzte Fortschreiten der Sandmassen in der Richtung
der herrschenden Winde, läßt sich angesichts so vieler That=
sachen, wie z. B. die Versandung der Nilthal=Oasen, der
Tempel in den Uah=Oasen und zu Theben, der mühevollen
und jährlich wiederkehrenden Schutzarbeiten der Bevöl=
kerung in den Oasen des Wadi Suf u. s. w. wohl nicht
gut läugnen.

Schließlich möchten wir noch jener Projecte gedenken,
welche auf die Voraussetzung eines Diluvialmeeres hin, auf
die neuerliche Inundation größerer Gebietstheile der Sahara
abzielen. Ueber die Ausführbarkeit eines dieser Projecte,
nämlich der Einleitung des Mittelmeeres in das Depressions=
gebiet der algerisch=tunesischen Schotts, haben wir bereits

Gelegenheit gefunden, unsere Ansichten auszusprechen*) und den äußerst prekären positiven Nutzen zu erörtern. Das zweite Project (von Skertshley und Mackenzie), den unter dem Namen El Dschuf bekannten Theil der westlichen Sahara zu inundiren, fußt aber auf durchaus irrigen Prämissen. Abgesehen, daß wir bisher nicht e i n e Höhen= messung aus jenem Theile der Sahara besitzen, ist die oro= graphische Gliederung der westlichen Sahara der Annahme einer absoluten Depression an der Stelle des Dschuf in keiner Hinsicht günstig. Die durchschnittliche mittlere See= höhe der verschiedenen Hochflächen, welche den Leib der Wüste umgeben, ist, wenn wir die Berichte der bisherigen Reisenden in der westlichen Sahara mit jenen über die bekannte Höhe der Hammadaflächen in der nördlichen und centralen Sahara vergleichen, folgende: das Plateau von Muydir circa 500 Meter, Baten Ahenet circa 400, süd= liches Tasili 650, Tanesruft 300, Waran 350, Harib 280, Draa 300, Adghagh 400, Azauad 300, Walata 300, Ulad Delim 200, Adrar 350, Taganet 300, Aftot 150 Meter. Nichts deutet darauf hin, daß inmitten dieser Hochflächen eine kesselartige, absolute Depression existiren sollte, eine positive Entscheidung in dieser Ansicht dürften die Resultate der jüngsten Lenz'schen Forschungsreise bringen.

Die Plateauzone des Sudan.

Zwischen 16⁰ und 9¹/₂⁰ nördl. Breite im Osten und zwischen 14⁰ und 5¹/₂⁰ nördl. Breite im Westen dehnt sich

---

*) Siehe: Das algerisch=tunesische Binnenmeer. „Deutsche Rund= schau für Geographie und Statistik", II. Jahrgang, Seite 272 u. ff.

von dem Westrande des Abessynischen Hochlandes bis an die Küsten des Atlantischen Oceans, d. i. in einer Linie von circa 4600 Kilometern, ein Gebiet aus, das wir als Sudan bezeichnen. Der orographische Charakter dieses zonenartig durch das nordäquatoriale Afrika sich erstreckenden Gebietes, seine Stellung in der verticalen Gliederung des Continents ist erst durch die Resultate der neuesten Forschungen festgestellt. Bis in die letzte Zeit findet sich noch in den meisten Lehr= und Handbüchern der Erdkunde*) die Auffassung C. Ritter's aus dem Jahre 1822, also aus einer Zeit, wo der Altmeister der Erdkunde noch mit gutem Gewissen schreiben konnte, daß nach dem Stande der dermaligen Kenntnisse das afrikanische Hochland nirgends von einem großen Strom der Länge oder Breite nach durchzogen und also nirgends durchschnitten werde.**) C. Ritter, welcher die Bedeutung und Tragweite der Erhebungslücke im oberen Nil=Gebiete nicht kannte, die hypsometrischen und geologischen Verhältnisse Kordofans, Darfurs und Wabaïs, und hauptsächlich der von ihm als Flach=Afrika betrachteten Sahara nicht berücksichtigen konnte, ebensowenig er positive Daten über den östlichen Theil der Plateauzone von Hochsudan und über die Rolle der Nigir=Benne=Depression zur Hand hatte, behandelt Hoch=Sudan als West=, respective Nordwestrand Hoch=Afrikas, bezeichnet Kordofan und Darfur als westliche Gruppe des Abessynischen Alpenlandes und Dar Sennaar als erste Stufe des Mittellaufes des Nil, gleichzeitig als Nordrand von Hoch=Afrika. Aus Mangel an hypsometrischen Daten über die Plateauränder, respective

---

*) Eine lobenswerthe Ausnahme macht die von Dr. Hermann Wagner bearbeitete 4. Auflage des Guthe'schen Lehrbuches der Geographie.
**) C. Ritter. Erdkunde. 1. Theil. 1. Buch. Afrika. Seite 9 u. ff.

die Nilthal-Ufer sowohl auf der Seite der Libyschen als
Arabischen, respective Nubischen Wüste, ist er geneigt, die
Stufenentwicklung des Nil-Laufes auch auf die Begleitungs-
erhebungen auszudehnen und spricht von den Stufenländern
des nördlichen Afrika als Uebergang vom Hochlande zum
Niederlande. Nun bedarf es wohl nach den Forschungen
der letzten zwei Decennien, insbesondere nach den Arbeiten
und Aufnahmen des egyptischen Generalstabes seit 1875
wohl keines speciellen Nachweises mehr, daß von einem ausgeprägten terrassenförmigen Aufbau in nordsüblicher Richtung, ähnlich wie dies etwa im westlichen Hoch-Sudan
(Ober-Guinea) sowohl von der Meeresküste aus, als auch vom
Senegal aufwärts und im Abessynischen Hochlande der
Fall ist, keine Rede sein kann.

Einestheils wissen wir durch Rohlfs und Schweinfurth, daß südlich vom Regenfeld und Beris das Land
allmählich und beständig ansteigt und die Sahara mithin
in ihrer topischen Form zur Steppe modificirt, sich bis tief
nach Kordofan, Darfur und Wadaï der Erhebung nach
fortsetzt, d. h. allmählich und einer nahezu einheitlichen
schiefen Ebene gleich, bis zur Wasserscheide des Dschebel
Marrah und den Berglandschaften Takale und Dar Nuba
stetig ansteigt; anderntheils belehrt uns eine hypsometrische
Karte von Afrika, daß Schekka am Südabfalle der sudanischen Plateauzone zur Depression des Bahr el Ghazal
um 85 Meter tiefer liegt, als der Culminationspunkt des
Libyschen Wüstenplateaus zwischen Esneh und Uah Chargeh
und nur 93 Meter höher als der Culminationspunkt desselben mit steiluferartigen Rändern zum Nil abfallenden
Plateaus zwischen Siut und Farafrah.

Wir werden am Schlusse dieses Abschnittes auch aus
dem geognostischen Baue des ganzen Gebietes sehen, daß

der eigenthümlich gewundene Lauf des Nil durch die
Trennungslinie zwischen der altkrystallinischen Unterlage
und dem Sedimente und dessen Mächtigkeit bedingt ist,
ebenso wie derselbe uns die nöthigen Anhaltspunkte giebt,
das eigentliche Hoch-Afrika von der nordäquatorialen
Stufe zu trennen, wobei jedoch schon hier hervorgehoben
werden soll, daß diese Trennung keine in auffälligem Wechsel
des orographischen Charakters begründete ist, vielmehr bei
dem specifischen Plateaucharakter par excellence ganz
Afrikas äußerlich im hypsometrischen Unterschiede zum Ausdrucke kommt.

In ihrer vorher angeführten westöstlichen Ausdehnung
erfährt die Plateauzone des Sudan durch die central gelegene Depression des Tsadsee-Beckens eine Theilung in eine
östliche Hälfte, Wadaï, Darfur, Kordofan und Sennaar umfassend, und in eine westliche Hälfte, die Plateaulandschaften
der Haussa-Staaten und Mandingo-Reiche in sich begreifend.
Begrenzt wird diese Depression im Norden an einzelnen
Stellen steiluferartig durch den Abfall der Hammadaflächen
zwischen den Berglandschaften Aïr und Tibesti, im Westen
durch die Plateaulandschaften von Sokoto, im Süden durch
jene von Nord-Adamaua und die nordäquatoriale Wasserscheide, respective den Nordrand des eigentlichen Hoch-Afrika,
im Osten von den Plauteaulandschaften Wadaïs. Ihren
tiefsten Punkt erreicht die Depression bekanntlich nicht im
Spiegel des Tsadsee mit 268 Metern, sondern in der Landschaft Bodele bei Bir Tungur mit 160 und Kischikischi mit
170 Metern. Im Parallel von Kuka circa 400, im Meridian
der Budduma-Inseln des Tsadsees ebenfalls circa 350 bis
400 Kilometer breit, verengt sich die Depression in nordöstlicher Richtung zu dem wadiartigen trockenen Rinnsal
des Bahr el Ghazal, des einstigen Ausflusses des Tsadsees,

als dessen beckenartige Verzweigungen die Landschaften Egai und Bodele anzusehen sind. In südöstlicher Richtung hebt sich der Boden der Depression aber stetig bis zur süd= äquatorialen Wasserscheide, so zwar, daß einerseits der Tuburisumpf, andererseits das Südende der großen, durch den Schari und Logone gebildeten Insel die Südgrenze derselben bezeichnen.

Die Scheidung der sudanischen Plateauzone von dem eigentlichen Hochland Afrikas läßt sich hypsometrisch von der Erhebungslücke des Benue zum unteren Mittellaufe des Schari und vom Gazellen=Flusse bis zum Mittellaufe des Anseba ziemlich deutlich erkennbar verfolgen; nur zwischen Schari und dem Oberlaufe des Bahr el Arab sind wir noch heute im Dunklen, ob die nordäquatoriale Boden= schwelle und Wasserscheide allmählich in die Plateauzone des Sudan übergeht oder nicht. Mit dieser Frage hängt auch die Lösung des wichtigsten, noch erübrigenden hydrographischen Problems auf dem afrikanischen Continente innig zusammen, eine Lösung, welche, wie wir zuversichtlich hoffen wollen, die neueste Forschungsreise Dr. Junker's bieten wird. Oest= lich des Nil bilden die terrassenförmig aus dem allgemeinen Niveau der Plateaus von Dar el Burum, Dar Sennaar und Taka aufsteigenden Ausläufer des Abessynischen Hoch= landes (Dar Bertat, Dar Oubra, Dongur, Owara u. s. w.) die südliche Grenze der Sudanischen Plateauzone.

Sowohl Kordofan westlich, Dar Sennaar östlich des Nil haben den Charakter einer ungeheuren, sehr mäßig undulirten Ebene mit einer durchschnittlichen Meereshöhe von 410 bis 570 Meter. Die Steigung der Ebene von Dar Sennaar von der Sobat=Mündung bis Chartum be= trägt nur 40 Meter, einzelne Erhebungen von Sandstein, welche sich von demjenigen in Nubien dadurch unterscheiden, daß diese meist tafelförmig und horizontal geschichtet sind, während die am Weißen Nil meist in Form von Gräten zerklüftet und mit verschieden geneigter Schichtenlage auf= treten, ragen kaum 50 bis 100 Meter über das allgemeine Niveau. Erst mit der Annäherung an die Ausläufer des Abessynischen Hochlandes treten auf der stetig an Höhe des all= gemeinen Niveaus zunehmenden Ebene isolirte Berge und Berg= gruppen auf, welche, wie z. B. Dschebel Tabi in 1417 Metern culminiren, während die übrigen, wie z. B. der Dschebel Gule, Dschebel Ahmar, Dschebel Galast=Arang, durch= schnittlich 200 bis 400 Meter über das allgemeine Niveau aufragen. Dieselbe Einförmigkeit zeigen die Ebenen im östlichen Theile von Kordofan, namentlich auf der Strecke von Chartum (Turra Chabra) nach El Obeid, auf welcher für eine ganze Tagreise Entfernung ein Hügel von 20 Metern relativer Höhe schon eine Land= und Wegmarke bildet. Im selben Maße, als wir uns aber der Grenze von Darfur nähern, oder nach Süden gegen Dur Nuba vordringen, gewinnen bei gleichzeitiger Erhebung des allgemeinen Niveaus auch die zahlreicher und zu Gruppen von isolirten Pics auftretenden Erhebungen an Höhe, um in einzelnen, wie z. B. im Dschebel Catul nordwestlich von El Obeid, im Dschebel Deïer, in den Bergen von Takale (Teggele) und Dur Nuba (Dschebel Kutak) mit 844, respective 822 Metern zu culminiren, womit auch ein ausgeprägter Landschafts= wechsel in den letztgenannten Gebieten verbunden ist.

Weit beträchtlicher und massenhafter treten die zu größeren Gruppen vereinigten isolirten Berge in Darfur auf, dessen mittlere Erhebung schon 600 Meter übersteigt. In der wasserscheidenden Gruppe des Dschebel Marrah, welche ein Areal von circa 8000 Kilometern bedeckt, culminirt der östliche Theil der ganzen Plateauzone des Sudans, soweit dieselbe bekannt und erforscht ist, mit 1830 Metern; eine zweite Gruppe von isolirten Bergen in nordwestlicher Richtung, jenseits des 15.° nördl. Breite, der Dschebel Medob erreicht mehr als 1100 Meter. In Wadaï scheint sowohl das allgemeine Niveau des Bodens, als auch die Zahl und Höhe der isolirt auftretenden Berge und Berggruppen ab=zunehmen. Positives läßt sich bis zur Stunde nicht darüber sagen, nach den Mittheilungen Nachtigal's sowohl als unter Würdigung der orographischen Gliederung des bekannten Theiles dürfen wir mit ziemlicher Wahrscheinlichkeit die allmähliche Abdachung des Landes zur Tsadsee=Depression, sowie die niedrigere Culmination der hervorragendsten Er=hebungen, wie z. B. des Dschebel Kadjeßke, der Berge von Gere und Ssilia, annehmen.

Das allmähliche Ansteigen der Sahara zu dem östlichen Theile der sudanischen Plateauzone, sowie die Configuration dieser selbst wird aus folgenden Höhendaten am besten ersichtlich sein.

Von dem Westende des Abessynischen Hochlandes nach Westen durch Sennaar, Kordofan, Darfur und Wadaï zum Tsadsee vordringend, besitzen folgende nahe des 14. Breite=grades liegende Orte die beigesetzten absoluten Seehöhen:

Woad Medina 414, Dueme 366, Bara 489, Ho=maui 529, Um Bedr 622, Millet 928, Kabkabieh 1007, Kolkol 790, Beirac 715, Ferga 910, Tsadsee=Spiegel 268 Meter.

Unter dem 13.° nördl. Breite in derselben Richtung fortschreitend:

Doqa 640, Deberki 438, Karfog 427, Muaule 411, Geleben Harr 480, Tayara 496, El Obeid 579, Foga 600, Dschebel Helle 570, Ergud 631, Fascher 717, Tinch 791, Rigleh 961, Tsadsee=Spiegel 268 Meter.

Unter dem 12.⁰ nördl. Breite in derselben Richtung fortschreitend:

Rosaires 554, Dschebel Ahmar 836,*) Machabat el Kelb 406, Takoba 579, Eu Nila 639, Tawaïscha 400, Darra 495, Birkeweah 691, Dschebel Zurlai ca. 800, Tuburi-Sumpf 308 Meter.

In nordsüdlicher Richtung, b. h. aus der Libyschen Wüste zur Depression im oberen Nil-Gebiete (Confluenz des Bahr el Arab, Bahr el Ghazzl und Bahr el Abiad) werden wir im 30. Meridian auf folgende Seehöhen stoßen:

El Saribe ca. 420, Bara 489, Birket 504, Kabero 624, Tira 637, Sobat-Mündung 418 Meter.

Unter 26⁰ 30′ östl. Länge von Greenwich, in derselben Richtung, b. h. aus der Libyschen Wüste vordringend:

Ain Medob 969, Bir Medu 848, Ergud 631, Darra 495, Schekka 368 Meter.

Um auch für die östlich des Nil gelegenen Plateaulandschaften das Gefälle des allgemeinen Niveaus gegen die Depression im oberen Nil-Gebiete zu illustriren, seien folgende Seehöhen angeführt:

Kassala 586, Tamat 552, Rosaires 454, Sobat-Mündung 418 Meter.

Aus diesen Daten geht zur Evidenz die Culmination des ganzen östlichen Theils der Sudanischen Plateauzone im Dschebel Marrah, sowie die Abdachung der Plateauzone nach allen vier Weltgegenden hervor, wobei zu bemerken ist, daß der Nordabfall zur Libyschen Wüste der sanfteste und allmählichste ist. Welche Bedeutung aber diese Verhältnisse für die Lösung der Frage Uelle-Schari oder Uelle-Congo

---

*) Berggipfel, Dorf am Fuße desselben, 525 Meter.

haben, werden wir bei der Besprechung der nordäquatorialen Wasserscheide sehen.

Jenseits der Tsadsee-Depression, welche sich, wie Rohlfs nachgewiesen hat, in südwestlicher Richtung bis zum 12.° östl. von Greenwich erstreckt und den ganzen nördlichen Theil von Mandara oder Uandala umfaßt, steigt der Boden des Sudan wieder ziemlich unvermittelt, d. h. steil aus der Niederung zu einer Hochebene empor, welche in mehreren Terrassen nach Süden zum Benue, nach Norden zur Sahara, nach Westen zum Nigir, nach Osten zum Schari und zum Tuburi-Sumpf abfällt und von einzelnen Bergmassiven sowohl als auch förmlichen Gebirgszügen, allerdings von ziemlich mäßiger Entwicklung, gekrönt wird. Die ganze Erhebungszone zwischen den Flüssen Sokoto und Waube im Norden, Benue und Nigir im Süden culminirt bei einer mittleren Seehöhe des allgemeinen Niveaus von circa 580 Metern, im isolirten Massiv des Mendif, welcher nach Erkundigungen Barth's circa 1900 Meter Höhe erreichen soll. Ihm folgen die Spitzen des Padogo- und Beladeba-Gebirges im südlichsten Theile von Mandara, das Ringim- und Gora-Gebirge im Sokoto-Reiche. Die Form der genannten Erhebungen ist sehr oft eine bizarre, zuckerhut- oder würfelähnliche, das Gebirgsland überhaupt ein stellenweise sehr wildes. Besonders steil und von ausgeprägter Terrassenbildung ist der Abfall der Hochebene zum Mittellaufe des Benue, woselbst dieser im Muri-Gebirge in den Gipfeln Tangale und Wurkoni noch circa 950 Meter Höhe erreicht. Auf der Hochebene selbst bezeichnet das in circa 1800 Metern culminirende Gora-Gebirge die Wasserscheide zwischen dem Atlantischen Ocean und dem abflußlosen Binnenbecken des Tsadsees.

- Das folgende Profil der Route Rohlfs von Kuka bis zum Benue entlang, wird das Obengesagte am besten illustriren.

Tjadjec=Spiegel 268 Meter, Doloo 431, Toū 316,
Gudjba 439, Uaua 655, Gombe 368, Suugoro 604,
Garo=n=Bautschi 706, Saranda 806, Goa 906, Gora 1068,
Paßhöhe im Gora=Gebirge 1304, Saugo=Katab 936, Kan=
tang 611, Abd eš Senga 400, Ego 483, Benue=Spiegel
bei Dagbo 157 Meter.

Die Steilufer des Nigir zwischen Schabe und Lokobdja
bezeugen uns die Fortsetzung dieser Hochebene nach Westen,
d. h. den Uebergang zum westlichsten Theile der Sudanischen
Plateauzone, jener von Ober=Guinea. Zwischen 3° und 5°
östl. von Greenwich ist das Land an der Wasserscheide
zwischen Nigir und dem Golf von Guinea kein Gebirge, son=
dern eine großgewellte Ebene von durchschnittlich 360 Metern
Höhe, deren nördlicher Abhang zum Nigir in der Land=
schaft Nupe weit gegliederter ist als der südliche zur Sklaven=
küste, welche auf circa 200 Kilometer landeinwärts bis
Whydah völlig flach verläuft. Die folgenden Höhencoten
zwischen Rabba und Lagos werden dies näher darlegen:
Rabba 166 Meter, Saraki 449, Flori 422, Emono 355,
Ibadan 248, Makum 151, Lagos 10 Meter. Erst weiter
östlich ist die Hochebene von einzelnen Bergreihen gekrönt,
unter welchen der Rokako=Berg eine Höhe von circa 950 Metern
erreichen soll. In zwei= und dreifacher Terrassirung*)
von wechselnder Breite und Entwicklung erhebt sich der
Streichungsrichtung zur Küste von Ober=Guinea parallel
ein Hochland, dessen centraler und östlicher Theil als Kong=
gebirge bisher auf den Karten figurirte und dessen Nord=
abfall bis zur Stunde ganz unerforscht ist. Auch über den
Charakter des Hochlandes (Kong heißt in den Mandingo=

---

*) Die Terrassenbildung ist aber auch nicht annähernd so mar=
kant als jene der nördlichen und nordwestlichen Ausläufer des Hoch=
landes von Habesch, wie C. Ritter es annimmt.

Dialecten Gebirge) im westlichen Theile haben erst die
jüngeren Forschungsreisen von Anderson, Blyden, Reade
und der Entdecker der Nigir-Quellen Zweifel und Monstier
definitive Aufschlüsse gebracht. Vom Golf von Benin bis
zur Sierra-Leone-Küste bleibt der durch isolirte Berge und
Berggruppen markirte Rand der ersten Terrasse, welche
eine mittlere Seehöhe von 150 bis 300 Meter besitzt,
ziemlich weit landeinwärts, erst an der Sierra-Leone-Küste
tritt der steile Abfall des Hochlandes unmittelbar an die
Küste, hier eine mächtige Brandung des Oceans hervor-
rufend, begleitet dieselbe mit kurzen Unterbrechungen bis
an die Mündung des unteren Gambia und erreicht in
den Randbergen von Susu, Sumba und Kakolima 400
bis 880 Meter Gipfelhöhe. Zwischen Whydah und Sierra-
Leone ist diese erste Hauptterrasse noch in eine Vorder-
terrasse gegliedert, welche den Anstieg zum Hochlande
wesentlich erleichtert (Akim, Abu u. s. w.).

In einer wechselnden Entfernung von 200 bis 300 Kilometer der Breite dieser ersten Hauptterrasse erhebt sich
über derselben die zweite durch Randberge ziemlich scharf
ausgeprägte Terrasse des Hochlandes in einer durchschnittlichen Meereshöhe von 400 bis 600 Meter, wobei die
Terrasse sich sichtlich nach Ost abflacht, nördlich des Rokelle-
Flusses hingegen von zahlreichen parallel zum Rande verlaufenden Bergreihen durchzogen wird und hier auch am
reichsten gegliedert erscheint. Endlich folgt in einem Abstande
von 50 bis 150 Kilometer die dritte, circa 700 bis 900 Meter
hohe Terrasse, deren von Bergkegeln und kleinen Berggruppen
gebildeter Rand die Mandingo als Kong, d. h. Gebirge,
bezeichnen und welche in einzelnen Gipfeln, wie z. B. im
Daro-, Jenkina- und Loma-Berge, 1000 bis 1355 Meter
absoluter Seehöhe erreicht.

Die Breite der obersten Terrasse, deren Nordrand ebenfalls durch eine Reihe von Klippenbergen markirt ist (Curuworo 1170 Meter), scheint kaum mehr als 50 bis 100 Kilometer zu betragen, ebenso ist es ziemlich wahrscheinlich, daß der Nordabfall kaum die halbe Entwicklung des Südabfalles hat und der Fuß des Hochlandes, respective ersten Terrasse weit im Süden des Nigir zu liegen kommt. Anhaltspunkte giebt hierfür die Lage der nördlichen Golddistricte von Bure und Wassallah, deren Vorkommen innig an die geologisch-jüngeren Bildungen des Diluviums verknüpft ist und hypsometrisch genau der Höhe der goldführenden Thone bei Wassa an der Goldküste entsprechen dürfte.

Je weiter wir auf dem durch den Oberlauf des Senegal und Gambia einerseits, des Rio Grande und Casamance andererseits begrenzten Gebiete vordringen, um so reicher wird die Gliederung, um so beträchtlicher die Höhe des Hochlandes, das hier von Gipfeln, wie z. B. Pic von Tamque, Pellar, Colima und Sere, gekrönt wird, die nach den Schätzungen der älteren Reisenden (Mungo Park, Mollien, Laing, Caillié) Höhen bis über 2500 Meter erreichen sollen,*) wahrscheinlich aber mit Rücksicht auf die Höhe der im Quellgebiete des Nigir gemessenen Gipfel unter dieser Höhe bleiben dürften.

Eine Reihe von terrassenförmig sich abstufender Plateauflächen, überhöht von isolirten Klippenbergen von zuweilen sehr bizarrer Form, bildet den Nordabfall, respective Ostabfall dieses Hochlandes und übergeht im Raume zwischen Senegal und Nigir nordwärts in das allgemeine Niveau

---

*) Trigonometrische oder barometrische Höhenbestimmungen liegen für dieselben nicht vor.

der Sahara. Die im großen nordwärts gerichteten Bogen des Nigir-Laufes zwischen Hamda Alahi und Ssinder nahezu central gelegenen Hombori-Berge dürften wahrscheinlich die letzten Ausläufer der durch das Kong gebildeten Hochsudanischen Bodenschwelle sein. Aus dem Vorhergesagten läßt sich annehmen, daß das Kong, d. h. die Wasserscheide zwischen dem Nigir und den Küstenflüssen von Ober-Guinea sowohl, als auch die nordwestliche Fortsetzung nirgends den Charakter eines zusammenhängenden Hochgebirgszuges mit Kettenbilduug u. s. w. besitzt, sondern vielmehr eine breite Bodenschwelle (entsprechend dem stärker gehobeuen Rande des Continents) von durchschnittlich 500 bis 600 Meter Höhe im östlichen, von 700 bis 800 Meter Höhe im nordwestlichen Theile, überhöht von isolirten Gipfeln, welche nirgends 2200 Meter überschreiten dürften.

Ueberblicken wir nun den geognostischen Charakter und geologischen Bau dieser ausgedehnten Plateauzone, so werden wir finden, daß sowohl östlich des Nil bis an das krystallinische Gebirge der westlichen, respective nordwestlichen Ausläufer (Roseres, Fasogl, Taka u. s. w.) als auch westlich derselben bis an die Granitmassen Darfurs und südlich den größten Theil der Depression des oberen Nil-Gebietes umfassend, eine Diluvialebene sich ausdehnt, welche zum großen Theile auf krystallinischem Gebirge ruht, welches das Diluvium in den größeren Gebirgserhebungen, wie z. B. im Dschebel Kordofan, Harras und im Bergland Takale (Teggele) durchbricht. Oestlich des Nil wird das Diluvium vom Alluvium des Weißen und Blauen Nil bedeckt und ruht an der Nordgrenze (bei Chartum) auf dem älteren nubischen Sandstein, welcher beide in isolirten Erhebungen durchbricht. In Nord-Kordofan bedeckt eisenschüssiger

Sand und Thon mit großen Decken von Raseneisenstein den Boden.

Die Mächtigkeit des Diluviums in Kordofan ist sehr verschieden und nimmt nach Westen hin sehr schnell ab. Alle größeren isolirten Erhebungen als auch Berggruppen gehören älteren Eruptivgesteinen an; so ist z. B. der Dschebel Arajchkol Granit- und Hornblendeschiefer, Dschebel Harras ist ein Porphyrstock, von Granit umgeben; die Berge von Teggele sind in ihrer Hauptmasse primitiver Granit in Verbindung mit krystallinischen Schiefern durchbrochen von Dioritgängen, an welche das Goldvorkommen daselbst gebunden zu sein scheint.

In Dar Sennaar sind die Granitinseln sehr zahlreich, erreichen aber höchstens 250 bis 300 Meter relativer Höhe. Der östliche und nordöstliche Theil von Darfur, mit Ausnahme der Strecke zwischen Juga und El Fascher, wo rother, an anderen Stellen weißer Sandstein zu Tage tritt, ist granitisches Terrain. Erhebungen von Granit wechseln mit solchen aus Gneiß und Sandstein ab, so z. B. im Dschebel Medob. Dieses Gebirge ist durch vulkanische Thätigkeit furchtbar zerrissen worden; überall stößt man auf ausgedehnte Lavafelder. Eines der schönsten Beispiele von erloschenen Kratern befindet sich im Südwesten des Gebirges bei Bir el Mulha. Ebenso wie der Dschebel Medob ist auch das centrale Massiv des ganzen östlichen Theiles der Sudanischen Plateauzone, der Dschebel Marrah ganz und gar vulkanischen Ursprungs, überall sind ausgedehnte Lavafelder zu finden. Westlich des Dschebel Marrah stößt man häufig auf große Dämme von weißem Quarz, die ein Sandsteinplateau umranden. In den Schluchten des Gebirges liegt überall eisenschüssiger Sand. Südlich vom Marrah-Massiv breitet sich eine weite Alluvialebene aus, aus welcher hohe Granitspitzen emporragen. Die Erhebungen Wadais können wir ebenfalls als Granitinseln betrachten.

In der Depression des Tsadsee-Beckens herrscht viel-fach der dunkelschwarze Moorboden als jüngste, fortgehende Bildung vor. An den Ufern des Tsad und auf den Buddnma-Inseln hat man Kalksteine verschiedenen Alters beobachtet. Die Hauptmasse des Gebirges im Sokoto-Reiche im süd-lichen Mandara (Mendif) und nördlichen Adamaua besteht aus Granit, welcher allerorten die prononcirten Gipfel bildet und stellenweise von Gneiß und Glimmerschiefer begleitet ist, während derselbe auf einzelne Strecken von Sandstein und Kalken überlagert wird und beide jene zerklüfteten und zerrissenen, würfel- und zuckerhutähnlichen Terrainformen bilden, welche die Plateaus von Gudjba, Birri und den Terrassenabfall zum Benue überragen. Westlich des Gora-Gebirges herrschen Sandstein- und Kalkgebirge vor, ebenso verdecken nördlich des Sokoto und Wanbe Sandstein und Thon die Unterlage und bilden das Plateau, welches sich von Sokoto zum Nigir abdacht, dessen Uferränder bei Ssai Kalk und Sandstein bilden.

Ebenfalls krystallinisches Gebirge ist das Gebirgsland, welches Ober-Guinea ausfüllt, dessen malerische Terrain-formen aus Granit bestehen. Im Gebiete der Granite und krystallinischen Schiefer treten mächtige Grünsteingänge, Diorite und Porphyre auf. Auf der Küstenterrasse fand Lenz bei Accra grobkörnigen, intensiv rothen Sandstein mit Zwischenlagen von grobem Quarzgerölle, westlicher tritt Granit und an der Küste von Liberia Gabbro hervor. Weiter im Innern, insbesondere im Aschanti-Lande und am Volta, begleiten schöne, schwarze Hornblendeschiefer mit Granat-Einschlüssen die Granit- und Gneißmassen des Ge-birges. Unter den Sedimenten verdient eine sehr junge

Thonzone hervorgehoben zu werden, welche Gold führt, so z. B. an den von altersher berühmten Goldwäschereien im Alluvium von Bambuk, im Alluvium des Golddistricts Bure am Oberlaufe des Nigir, hier Djoliba genannt, und im blauen Lehm oder in einem Kieslager als Alluvialgold an der Goldküste bei Wassa und am Ankobra=Flusse. Gold kommt aber nicht blos im Diluvium als Waschgold, sondern tritt auch in Quarzgängen auf, wie z. B. bei Wassa auf der Vorterrasse der Goldküste, in einem Syenithöhenzuge. Quarzriffe durchziehen in großer Anzahl diese Vorterrasse fast bis an's Meer und wechseln mit Basaltkuppen ab. Wahrscheinlich ebenfalls in Syenit= oder aber Dioritbergen liegen auch die Goldminen von Buley und der Landschaft Wassallah am Nordabfalle des Kong.

Basaltfelsen sind auch an der Westküste sehr ver= breitet, die angeblichen vulkanischen Krater im Hochlande von Djallon sind indeß bisher nicht zweifellos festgestellt. Von versteinerungsführenden Bildungen hat man jurassische am Außenrande von Senegambien gefunden. Ziemlich weit verbreitet sind Sandsteine, namentlich entwickelt an den Randterrassen des Hochlandes zwischen Senegal und Nigir. Der Sandstein, dem bunten ähnlich, aber von unbestimmtem Alter, bildet malerische und wilde Tafelberge von sehr bizarrer Form, so z. B. die Berge Dulei, Mansolah und im Tinke= Thal am Mittellaufe des Senegal. Bei Jola am Mittel= laufe des Benue vorstehender Thonschiefer spricht dafür, daß das Thal des Benue nicht nur topisch, sondern auch geognostisch die Plateauzone des Sudan vom centralafrika= nischen Hochlande trennt, dessen Gliederung wir nunmehr in's Auge fassen wollen.

Das Central- und südafrikanische Hochland.

Wir haben bisher die einzelnen Glieder der nördlichen und niedrigeren Stufe des afrikanischen Continents betrachtet und dabei die topische, durch den geologischen Bau weiter begründete, südliche Grenze derselben in einer Linie gefunden, welche von der Benue-Mündung in einer flach-concaven, wellenförmig auf- und absteigenden Bogenlinie unter 20° östl. Länge von Greenwich, den fünften Grad nördlicher Breite tangirend, zum Oberlaufe des Anseba in der Habab-Landschaft reicht. Das riesige, die südliche Dreiecksfigur des afrikanischen Continents umfassende Gebiet haben wir als das eigentliche Hoch-Afrika Ritter's, richtiger gesagt, als die höhere Stufe des ganz Afrika umfassenden Hochplateaus bezeichnet.

Wie wir schon eingangs hervorgehoben haben, lassen sich vom Süden, als dem höchst gehobenen Rande ausgehend, zwei große relative Depressionsgebiete — in früheren geologischen Epochen ausgedehnte Binnenmeere bildend — und zwar das Becken des Ngami-Sees und der großen Salzpfannen (dem Ostrande des Hochplateaus näher als dem Westrande) und das große Centralbecken des afrikanischen Continents am Mittellaufe des Kongo unterscheiden. Drei mächtige Bodenschwellen, die südlichste, das Capland und Süd-Afrika überhaupt umfassend, trennen und umrahmen zugleich diese Depressionsgebiete. Die mittlere, das heißt südäquatoriale, und die nördliche, das heißt nordäquatoriale Bodenschwelle, zugleich als Wasserscheide zwischen dem Atlantischen und Indischen Oceane einerseits, zwischen ersteren und dem abflußlosen Binnenbecken des Tsad-Sees fungirend, ver-

einigen sich östlich des Kongobeckens zu dem ostafrikanischen Hoch=
lande, dessen nordöstliche, respective nördliche Vorgebirgsmasse
wir als das Hochland von Habesch oder Abessynien bezeichnen.

Wenn C. Ritter seinerzeit kaum etwas mehr als über
die Ränder des Hochlandes (mit Ausnahme Abessyniens)
schreiben konnte und deshalb auch den Süd=, Ost=, Nord=
und Westrand der Reihe nach behandelt, so dürfen wir
heute, wo uns auch das Innere des Hochlandes in seiner
allgemeinen Gliederung bekannt ist, von dieser Reihenfolge
absehen und in folgendem die einzelnen Abschnitte des central=
und südafrikanischen Hochlandes behandeln.

A. Südafrikanisches Hochland.

Der südlich des Ngami=Beckens gelegene Theil des
afrikanischen Hochlandes, die Kalahari, Groß=Namaqualand,
die Boer=Republiken, Zulu=Land und die britischen Colonien
in Süd=Afrika umfassend, ist eine Hochebene von durch=
schnittlich 1200 Metern absoluter Seehöhe, welche mit steil
aufgerichteten, durch Klippenberge oder aber durch geschlossene
Bergzüge markirten Rändern in Terrassen von wechselnder
Entwicklung und Gliederung, sowie auch wechselnder Präg=
nanz steil zur Küste abfällt, zu welcher die Ränder der
Hochebene nahezu durchgängig parallel verlaufen.

Am schärfsten ausgeprägt und am reichsten gegliedert
finden wir den Südrand des Hochlandes zwischen 19° und
25° östl. Länge von Greenwich. Wenn wir vom südlichsten
Punkte des Continents, dem Cap Agulhas (Nadelkap) in
nord=nordöstlicher Richtung zur Mündung des Hartebeest=
Rivers in den Oranjestrom, der fast meridianal verlaufenden
Mulde des südlichen Theiles des Hochlandes vordringen,
haben wir drei Randketten zu übersteigen, welche ebensoviele

Terrassen nach dem Meere hin umsäumen und stufenförmig
aufsteigen. In einer wechselnden Breite von zehn bis fünfzig
Kilometer, von West nach Ost stetig abnehmend, stehen wir
zunächst der Südküste des Caplandes auf einer Küsten=
terrasse von durchschnittlich achtzig bis hundert Meter See=
höhe, welche fast auf der ganzen Linie, vom Cap Hangklip
bis Cap St. Francis, als Steilküste zum Meere abfällt und
sowohl an der Küstenkante, als auch im Innern von zahl=
reichen isolirten tafel= oder thurmförmigen Bergen über=
ragt wird, welche im Babylons Tower (im Hintergrunde
der Walker=Bai) eine absolute Höhe von 1028 Metern
erreichen. Im Westen bildet die am Cap Hangklip endi=
gende, meridianal verlaufende, südliche Fortsetzung der
Drakensteene=Berge (im Simonsberg mit 1544 Metern cul=
minirend) die Grenze dieser Küstenterrasse, und trennt sie
von der in gleichem Niveau liegenden, zunächst als Cap=
Ebene bekannten, westlichen Küstenterrasse, zu welcher über
die Berge der Sir Lowry=Paß führt.

Den Rand der zweiten oder Karroo= (Karru) Terrasse,
bilden zwei in parallelen Zügen streichende Längsketten,
welche östlich des 23. Grades östl. Länge von Greenwich
bogenförmig nach Süd=Ost zur Küste streichen und deren äußere
am Cap St. Francis, die innere an der Algoa=Bai endigt.
Das zwischen beiden Randketten durchschnittlich sechzig Kilo=
meter breite, durch tief eingeschnittene Spaltenthäler des
Touws=(Groote), Oliphant= und Dyssel=River charakterisirte
Gebiet dürfen wir keineswegs wie bisher üblich als Fortsetzung
der Küstenterrasse, sondern als Uebergangs=, respective Vor=
stufe der großen Karroo=Terrasse betrachten.*) So wenig es

---

*) Weil Carl Ritter im Jahre 1822 den Rand der Küstenterrasse
nach dem kleinen und großen Zwarteberge verlegt, hat auch die über=
wiegende Mehrzahl der Herausgeber geographischer Lehr= und Hand=

dem Kenner des Aufbaues des Plateaus von Anahuac je
in den Sinn kommen wird, die zahlreichen Barancas, welche
den Abfall der Tierra templada zur Tierra caliente zerklüften
(Rancho colorado — Tehuacan), als Fortsetzung der Tierra
caliente anzusprechen, oder die tiefen Terrai=Thäler im Norden
der Vorberge des Himalaya (nördlich von Darbschiling)
zur bengalischen Ebene zu rechnen, ebensowenig werden wir
die vierzig bis sechzig Kilometer breite und durchschnittlich
fünfhundert Meter hohe Vorterrasse der Karroo in ihrer
ganzen Erstreckung von der Hexrivier=Kloof bis zur Lange=
Kloof zur Küstenterrasse rechnen.

Verfolgen wir den Rand der zweiten Terrasse in
seinen einzelnen Gliedern, so werden wir zunächst finden,
daß das Winterhoek (2085 Meter) den Knotenpunkt und
Eckpfeiler des Süd= und Westrandes bildet und die Draken=
steene=Berge in ihrer Erstreckung bis Cap Hangklip, ebenso
wie die Zonderend=Berge, welche keilförmig zwischen dem
Zonderende= und Breede=River streichen, eine im rechten Winkel
vorspringende Vormauer des eigentlichen Karroo=Randes sind.
Eine eingehendere geologische Durchforschung derselben würde
uns über das Alter und gegenseitige Erhebungsverhältniß
der Küsten= und Karroo=Terrasse die interessantesten Auf=
schlüsse geben.*) Unter verschiedenen Localnamen, wie Ceres=

---

bücher die Eintheilung des Altmeisters copirt, ohne irgendwie die Re-
sultate der seitherigen hypsometrischen Forschungen zu berücksichtigen.
Schon ein flüchtiger Blick auf eine gute Uebersichtskarte von Süd-
Afrika (z. B. in Stieler's Handatlas) läßt, ohne mit der eingehenderen
Special-Literatur vertraut zu sein, erkennen, daß es nicht gut angeht,
Niveaudifferenzen von fünfhundert Metern und mehr zwischen dem all-
gemeinen Niveau der eigentlichen Küstenterrasse und der Vorstufe zur
Karroo zu ignoriren.

*) In den von den holländischen Ansiedlern den Terrainformen
gegebenen specifischen Namen Veld (womit sie offenbar eine ebene, nur

Berge, Swellendam=Berge, Lange=Berge, Outeniqua=Berge,
Karabouw=Berge u. s. w. vom Winterhoek bis Cap St.
Francis streichend, erreicht der Rand eine durchschnitt=
liche Seehöhe von tausend Metern und culminirt im Brook=
bosch (Outeniqua=Berge) mit 1524 Metern. Mit Ausnahme
des aus der Vereinigung des Groote= und Olifant=Rivers
gebildeten Gauritz=Rivers durchbricht kein Fluß die äußere
Randkette. Nur einige spaltenähnliche Querthäler, die soge=
nannten Kloofs (Klüfte), durchschneiden diese Ketten und
ermöglichen, seitdem sie im laufenden Jahrhundert unter
ungeheuern Anstrengungen fahrbar gemacht wurden, die
Verbindung einerseits mit der Capstadt (Holland=, Bains=
Kloof, Sir Lowry's=Paß) über die Drackensteene=Berge,
andererseits den Aufstieg zur Karroo=Terrasse, oder die Ver=
bindung mit der Algoa=Bai, via Humansdorp (durch die
rühmlichst bekannte Lange=Kloof).

Eine große Anzahl von isolirten Bergen und Berg=
zügen, meist parallel streichend, füllt diese Vorstufe aus und
erschwert ihre Gangbarkeit durch die zahlreichen, tief einge=
schnittenen Thäler und Kloofs in hohem Grade. Unter
diesen isolirten Bergzügen verdienen der Anys=Berg, 1626
Meter, genannt zu werden. Die zweite und innere Rand=
kette der Karroo=Terrasse, ebenfalls vom Winterhoek sich ab=
lösend und zur äußeren parallel verlaufend, trägt auf
ihrer Erstreckung bis zur Algoa=Bai die Namen: Koude
Bokkeveld, Witte Berge, Kleene und Groote Zwarte=(schwarze)

wenig undulirte Fläche — Feld bezeichnen wollten) haben wir auch
Anhaltspunkte für die Trennung der Küstenterrasse und der Karroo,
zugleich aber auch einen geeigneteren Ausdruck für den Charakter der
Terrassen. Wir finden z. B. von Westen nach Osten fortschreitend
längs der Küste Hardeveld, Zandveld, Grasveld, am Südrande der
großen Karroo das warme Bokkeveld.

Berge, Kouga=Berge, Groote Winterhoek. Zwischen dem
Gamtoos und Zondags=River erleidet der Rand der Karroo=
Terrasse eine Unterbrechung, indem sowohl der äußere Rand
in den Karabouw=Bergen als der innere Rand im Großen
Winterhoek südöstlich zur Küste streichen, so daß erst eine
dritte, binnenlands liegende Kette, das Kleene Winterhoek
und jenseits des Zondags=Rivers die Zuure= (Saure) Berge
die Karroo=Terrasse von der Küstenterrasse scheiden. Immer=
hin schiebt sich hier die Küstenterrasse am tiefsten landein=
wärts, während andererseits die Höhe der trennenden Rand=
kette mit 973 Metern deutlich die Abdachung der Karroo
nach Südost andeutet, was auch durch die relativ geringe
Einschneidung der Thäler der beiden oben genannten Flüsse
bestätigt wird. Die Kammhöhe dieser inneren Randkette
schwankt zwischen 1200 und 1500 Meter und erreicht in
den Kleenen Zwarte=Bergen, im Seven Weeks Poort, den
Culminationspunkt mit 2325 Metern, eine secundäre im
Coxcomb des großen Winterhoek=Zuges mit 1753 Metern. In
höherem Grade als die äußere Randkette ist der innere,
öde Rand der Karroo=Terrasse von mehreren tief einge=
schnittenen, wilden Schluchten (Kloofs) durchbrochen, deren
Boden wirres Steingerölle bedeckt, über welches die Cap=
wägen von zehn und mehr Ochsenpaaren mühsam auf die
Karroo=Terrasse emporgeschleppt werden müssen. Die Form
der Randberge ist übereinstimmend mit der des äußeren
Randes, selten sind es hochaufragende Kammlinien, weit
häufiger einzelstehende zerrissene Massen, die in grotesken
Kegeln, abgestutzte Pyramiden aufragen, horizontale Bänke
oder Tafelberge mit senkrechten Querbrüchen. Sowohl an
dem inneren, als auch an dem äußeren Terrassenrande ist
das Verhältniß der Entwicklung des Nord= zum Süd=
abhange in den einzelnen Zügen annähernd wie 1 : 3 bis 4,

wie es eben durch die Terrassenbildung bedingt ist, und am
schärfsten in den Randerhebungen der dritten Terrasse oder
der eigentlichen Hochebene ausgeprägt erscheint. Die schwere
Gangbarkeit der Kloofs (von West nach Ost folgen Karroo-
Poort, Roodezand-Kloof, Zout-Kloof, Gamka-Kloof, durch
den Durchbruch des Gamka-Rivers gebildet, Meirings-Poort
u. s. w. auf die Ebene der Karroo-Terrasse), haben bis in
die neueste Zeit die Communication mit dem Innern der
Colonie beeinträchtigt; erst nach der Entdeckung der Dia-
mantenfelder hat die Energie der Colonisten die mächtigen
Hindernisse zu beseitigen sich bemüht und gegenwärtig führt
bereits ein Schienenstrang von Worcester im Hochthale des
Breede-Rivers durch die Zout-Kloof, die Karroo-Terrasse
durchziehend, nach Beaufort am Südabhange der Nieuweveld-Berge.

Mit der Uebersteigung dieses inneren Randes erreichen
wir die Große Karroo, in ihrem westlichen Theile Bokkeveld-
Karroo genannt, eine circa 80.000 Quadrat-Kilometer große
Fläche, deren aus rothem, mit Sand gemischtem Thon be-
stehender Boden während des Sommers an Härte gebranntem
Lehm gleichkommt und daher von den Hottentotten Karroo,
d. h. hart, genannt wurde und gegenwärtig zur Bezeichnung
der ganzen zweiten Terrasse angewendet wird. Zum Unterschiede von anderen auf dem Hochlande sowohl als auch
im östlichen Theile der Kalahari vorkommenden Stellen
von gleicher Bodenbeschaffenheit erhielt diese Terrasse den
Namen der Großen Karroo.

Im westlichen Theile circa 120 Kilometer, in ihrem
mittleren, wasserscheidenden Theile zwischen dem Indischen
und Atlantischen Ocean circa 90 Kilometer breit, erreicht
sie eine mittlere Seehöhe von circa 1100 Metern im westlichen, circa 850 Metern im östlichen Theile, und zeigt, wie

es eben der Aufbau des Südrandes bedingt, ein Gefälle nach Westen und Süden. Weit entfernt, durchaus eine ein= förmige, unübersehbare Ebene zu bilden (mit Ausnahme großer Tausende von Quadrat=Kilometern umfassender Strecken, im mittleren Theile), ist sie besonders an der Wasserscheide von zahlreichen Klippenbergen und tafelförmigen Bergstümpfen durchzogen, unter welchen der Große Tafelberg nördlich der Quellen des Doorn=Rivers 1438, die Elandsberge südlich des Zwart=Ruggens genannten Theiles der Karroo=Terrasse 1490 Meter Seehöhe erreichen.

Ein neuer mächtiger Steilrand, gebirgsartig nur gegen Süden, d. h. in seinem Abfalle zur Großen Karroo gegliedert, der Südküste in großen Zügen parallel streichend, trennt uns von dem eigentlichen Hochlande. Unter dem Namen der Roggeveld=Berge, jenseits des Orloogs=Rivers beginnend, als Nieuweveld=Berge, Winterberge, Koudveld= Berge sich fortsetzend, reicht der Rand bis zu den in einem nordwärts culminirenden, convexen Bogen streichenden Schnee= bergen, deren höchster Gipfelpunkt der 2591 Meter hohe Kompaßberg der Knotenpunkt und der Ausgangspunkt des mehr gebirgsartig entwickelten Ostrandes ist.

Die Hochlandsfläche durchschnittlich nur um 200 bis 300 Meter überragend, wird dieser steil nach Süden ab= fallende Rand meist von Tafelbergen und Kegelbergen ge= bildet, deren Höhe zwischen 1500 und 1800 Meter schwankt. Nur wenige, sehr beschwerliche Pässe führen aus der Karroo nach dem Nieuweveld, der Hochfläche, welche nördlich des Koms=Berges, im Quellgebiete des Zak=Rivers eine abso= lute Höhe von 1600 Metern erreicht (Koms=Berg 1615 Meter). Sowohl die Roggeveld= als auch die Nieuweveld=Berge und Winterberge sind zwei bis drei Monate des Jahres hindurch mit Schnee bedeckt, in der Bulbhouderbank dürften die Nieuwevelds-Berge mit circa 2000 Metern culminiren.

Bevor wir die weitere Entwicklung der Hochebene nach Norden zu bis zum Ngami-See und dem großen Salz= pfannengebiete verfolgen, wollen wir den West= und Ostrand des südafrikanischen Hochlandkörpers bis zum Durchbruch des Cunene einerseits, zur Zambesi-Mündung andererseits betrachten.

Aehnlich wie an der Südküste des Caplandes finden wir auch an der Westküste vom Cap der Guten Hoffnung*) bis zur Oranje-Mündung eine 15—60 Kilometer breite Küstenterrasse von 50—150 Meter Höhe, welche vom Cap bis zur Mündung des Olifant (nicht zu verwechseln mit dem Nebenflusse des Gauritz-River oder jenem des Lim= popo) vorherrschend als Steilküste zum Meere abfällt, nörd= lich davon sich jedoch immer mehr verflacht und sowohl an der Küstenkante als auch im Innern von zahlreichen iso= lirten thurm= und tafelförmigen Bergmassen bedeckt wird. Am bekanntesten und bedeutendsten durch die Masse und interessante Formation ist der einen Markstein in der Ent= wicklungsgeschichte der Erde bedeutende Tafelberg, welcher völlig isolirt, in der südwestlichen Ecke der Küstenterrasse 1082 Meter über das Meeresniveau aufsteigt. Eine Reihe zerklüfteter Höhenzüge von durchschnittlich 1000 Metern Höhe, unter welchen wir die durch ihre Formen merkwür= digen Piquet-Berge (1039 Meter) hervorheben möchten, be= zeichnet den Küstenrand einer landeinwärts folgenden Vorstufe des Hochlandes. Ebenso wie am Südrande, ist auch hier diese Vorstufe durch tief eingeschnittene Hohlwege, Kloofs, ausgezeichnet, durch welche die Straßen von der Küsten=

*) Cap der Guten Hoffnung, auch kurzweg das Cap genannt.

terrasse nach dem Hochlande führen (Pikeniers-Kloof 904 Meter Seehöhe). In gleicher Höhe mit dieser Vorstufe steht das zwischen der äußeren Kette des Südrandes (Ceres-Berge) den Drakensteene-Bergen und den Zonderend-Bergen eingeschlossene Hochthal des Breede-Rivers.

Die Begrenzung der eigentlichen zweiten Terrasse des Westrandes bilden die vom Knotenpunkte im Winterhoek sich ablösenden und zur Küste parallel verlaufenden Cardou- und Olifant-Berge als Außenrand und die Cedar-Berge als Innenrand, beide das tiefe Spaltenthal des Olifant einschließend. Seinen Culminationspunkt erreicht der Innenrand in dem aus den Cedar-Bergen aufsteigenden Sneeuw-Kop mit 1931 Metern. Vom vereinigten Doorn- und Olifant-River durchbrochen, setzt sich der Terrassenrand nördlich des Durchbruches in den Karree-Bergen (nicht zu verwechseln mit den den Nieuweveld aufgesetzten Karree-Bergen), Kamies-Bergen und Kopperminen-Bergen bis zum Durchbruche des Hochlandrandes durch den Oranje oder Kai Garib fort. Von besonderem Interesse sind die größtentheils in einzelnstehende Massen zerrissenen Kamies-Berge, welche im Welcome-Berg 1564 Meter Seehöhe erreichen.

Die im Südrande so scharf ausgeprägte Gliederung des Karroo-Abfalles geht nördlich des 30.° südl. Breite in eine Reihe schmaler Stufen über, welche durch das Onder-Bokkeveld, Lange-Berg und das isolirte Hantam-Massiv, sowie den bedeutend gemilderten Abfall der obersten Hochlandstufe (Trekveld) abgegrenzt erscheinen und auf welchen der Groote-Doornberg mit 1520 Metern culminirt. Nördlich des 30.° südl. Breite aber verschmelzen die drei Abstufungen des Westrandes zu einem einzigen reich gegliederten Abfall, über dessen Randkante sich einzelne isolirte Berge (Riet-Berg, Vogel-Klip) bis zu 1372 Meter Höhe erheben.

Nördlich des Oranje-Durchbruches scheint sich, soweit die Mittheilungen der bisherigen Erforscher von Groß-Namaqua- und Damara-Land reichen, die Küstenterrasse ununterbrochen in einer durchschnittlichen Breite von 40 bis 50 Kilometer bis zur Cunene-Mündung fortzusetzen, der Rand der nächstfolgenden Hochlandsterrasse jedoch nur stellenweise ähnlich entwickelt und ausgeprägt zu sein, wie wir dies an dem Südrande beobachten können. Meist steigt der Boden allmählich zur Höhe des Hochplateaus an, dessen Abfall von isolirten Bergkegeln besonders nahe der innern Abfallskante überragt wird.

Nur im Bereiche des zwischen 19° und 23° südl. Breite liegenden Kaoko- und Herero-Landes lassen sich drei Plateau-stufen, stellenweise von ähnlicher Entwicklung wie am Süd-rande verfolgen, und zwar die Küstenstufe in einer mittleren Seehöhe von 100 bis 150 Meter, die zweite, gegen die erste Stufe durch Klippenberge ausgezeichnete Uebergangsstufe in einer mittleren Seehöhe von 600 bis 700 Meter und endlich das eigentliche Hochplateau mit einer mittleren See-höhe von 1100 bis 1200 Meter. Der Rand der Mittel-stufe erreicht in den beiden Gipfelpunkten Messum und Col-quhun 975 und 914 Meter Höhe.

Wenn wir auf dem prairieartigen Hochplateau Ge-birge und Berge unterscheiden, so geschieht dies nur, um die isolirten Erhebungen (Quarz- und Porphyrklippen) von dem schwach undulirten allgemeinen Niveau des Hochplateaus zu unterscheiden, das von einem dichten Netz oft hunderte und mehr Meter tief, ausgewaschener Wasserrinnen (den meist trockenen Flußbetten) durchzogen wird, und auf diese Weise das Hochland verhältnißmäßig reich gliedern. Auf die namhafteren Glieder dieses Berglandes werden wir bei Besprechung des Innern des südafrikanischen Hochlandes zurückkommen und wollen nun den Ostrand des Hochlandes bis zur Limpopo-Mündung verfolgen.

Oestlich des als Knotenpunkt zweier strahlenförmig sich ablösender Bergzüge fungirenden Kompaß-Berges, des Culminationspunktes der Schneeberge, ist die bis dahin im Südrande so scharf ausgeprägte Abstufung des Hochland-Abfalls bis zum 29.° südl. Breite mehr oder minder ver=wischt, zugleich bildet der Rand von nun ab einen förm-lichen Gebirgszug, welcher ziemlich geschlossen bis zum Olifant- oder Lepalule-River reicht. Das Gefälle des 160 bis 220 Meter breiten Plateau-Abfalles ist ein weit allmäh-licheres, milderes, nur streckenweise durch secundäre, mit Steil-rändern abfallende Stufen unterbrochen.

Von den beiden vom Compaß-Berge sich ablösenden Höhenzügen streicht der südliche zunächst als Fortsetzung der Schneeberge in meridianaler Richtung, wendet sich aber im Quellgebiete des Großen Fischflusses nach Osten und streicht, nachdem er sich neuerdings als Buffelshoek, Zwagers-hoek, Boschberg getheilt, jenseits des Durchbruches des Großen Fischflusses in mehreren ziemlich parallel verlau-fenden Bergzügen zur Küste. Das ganze, Britisch-Kaffraria ausfüllende Bergland erreicht im Großen Winterberg 2360 Meter Höhe. Der nördliche Hauptzug bildet unter dem Namen der Roode-, Bamboes- und Zuur-Berge (nicht zu verwechseln mit dem Zuure-Berge zwischen dem Unter-laufe des Zondag- und Großen Fisch-Rivers) das Quell-gebiet des Großen Fisch-Rivers halbkreisförmig nach Norden abschließend, die Wasserscheide zwischen dem Atlantischen und Indischen Ocean und zugleich dem gebirgsartig überhöhten Rand des südafrikanischen Hochplateaus. An Höhe und Entwicklung immer zunehmend, setzt sich der Zug als Storm-Berge und endlich als Kathlamba- oder Draken-Berge in

norböstlicher Richtung fort und bildet auf seiner ganzen Erstreckung von circa 900 Kilometern die Hauptwasserscheide
zwischen den Küstenflüssen des Indischen Oceans und den
Zuflüssen des Oranje-Rivers (Gebiet des Atlantischen Oceans)
einerseits und den Zuflüssen des Limpopo andererseits.
Zwischen 29° und 30° südl. Breite, mithin im mittleren
Theile der ganzen Kammlinie, erreichen die Draken-Berge
im Cathkin Peak oder Champagne Castle ihren absoluten
Culminationspunkt mit 3157 Metern, diesem zunächst erreicht
der Kamm im Mont aux Sources 3048, im Giants Peak
(Riesenkopf) 2943 Meter. Der Abfall der ebenfalls durch
die charakteristische Tafelform ihrer einzelnen die Kammlinie überhöhenden Berge ausgezeichneten Draken-Berge ist
nach Osten, d. h. zur Küste weit beträchtlicher und steiler,
als nach dem Innern und den Quellthälern des Nu Garib.
Nur wenige gangbare Pässe, die meisten kloofartiger Natur,
führen von der Küste, respective aus dem unabhängigen
Kaffern-Gebiete, aus Natal und dem Zulu-Lande über den
Kamm nach dem Innern und diese liegen durchschnittlich
in 1600 bis 1900 Meter Seehöhe, wie z. B. der Pen
Hoek-Paß von Queenstown nach Aliwal North 1798, der
Kok's-Paß aus dem Umzimvubo-Thale in Frei-Kaffraria
nach dem Quellthale des Oranje im Basuto-Lande, der
Buschmann-Paß aus Natal (Estcourt) in dasselbe Thal
1968 Meter, der De-Beer-Paß 1690 Meter und Van
Reenen-Paß 1646 Meter aus Natal in den Oranje-Frei-
staat, der Wakkerstroom-Paß von Utrecht nach Heidelberg
1745 Meter. Die Höhe des Kamms unterliegt verhältnißmäßig geringen Schwankungen und beträgt in den Ipoko-
Bergen 1800, in den Verzamel-Bergen 1700 Meter, während
die Gipfelhöhen in den ersteren nur mehr 2196 Meter
erreichen.

Im Norden der Verzamel-Berge geht der bisherige Kamm der Draken-Berge wieder in den von isolirten Berg-massen überhöhten Steilrand des Hochplateaus über. Schon in Natal lassen sich nördlich vom Umgeni-River die von zahllosen isolirten, zuweilen reihenartig auftretenden Tafel- oder Thurmbergen bedeckte Küstenterrasse von circa 40 Kilo-metern Breite und 200 Metern Seehöhe, eine zweite durch die kleinen und großen Noods-Berge begrenzte Binnen-landsterrasse von 60 Kilometern Breite und 800 Metern Seehöhe und nördlich eine dritte bis an den Fuß der Draken-Berge reichende Stufe von durchschnittlich 1100 Metern See-höhe unterscheiden, deren Gliederung je weiter nach Norden um so deutlicher und ausgeprägter wird. Im Zulu-Lande culminirt der Rand der zweiten Terrasse bereits mit 1200 Metern. Im Parallel der Delagoa-Bai lassen sich wieder zwischen der Küste und den nördlichen Ausläufern der Draken-Berge drei, nicht nur topisch, sondern auch geognostisch scharf getrennte Plateaustufen unterscheiden, und zwar: das Küstenland zwischen der Delagoa-Bai und dem Ostrande der Lobombo-Berge, welche zum Steilrande des Hochplateaus parallel streichen, in einer Breite von 63 Kilometern und 150 Metern Seehöhe als eine sehr schwach undulirte, von wenigen isolirten Höhen bedeckte Ebene. Der Ostrand der Lobombo-Berge fällt sehr steil und markirt ab und erreicht eine Höhe von 270 Metern. Die zweite durch diese Berge der Küste zu begrenzte Plateaustufe läßt sich, wie Dr. E. Cohen ausführt, in vier secundäre Abstufungen eintheilen, welche 270, 500, 600 und 900 Meter Seehöhe besitzen und zu-sammen ein Gebirgsland*) von 120 Kilometern Breite bilden,

---

*) Es sei hier ausdrücklich bemerkt, daß von Gebirgen im Sinne wie wir die Alpen, Pyrenäen oder Karpathen bezeichnen, in Afrika und

welches verhältnißmäßig stärker undulirt, von zahlreichen
Kuppen mit theilweise sanften Contouren bedeckt ist, und in
welchem die Ränder der einzelnen Terrassenstufen stets durch
Höhenzüge markirt sind, in denen die von den Boers
»Kopjes« genannten Berge vorherrschen. Die bedeutendsten
dieser Höhenzüge sind die Umswaziberge. Endlich als dritte
Stufe das durch Schluchten und enge Spaltenthäler viel=
fach zerrissene Hochgebirgsland, dessen Steilrand vom
Spitzkopf 2165 (nach Cohen 1710) und von der Mauch=
spitze 2659 (nach Cohen 2190) Meter hoch überragt wird
und bei einer mittleren Seehöhe von 1250 Metern 350 Meter
steil auf einzelnen Strecken nahezu senkrecht zur zweiten
Terrasse abfällt; wo der Abfall minder steil, bedecken ihn
riesige Thonschieferblöcke in großer Zahl. Das Hochgebirgs=
land der obersten Plateaustufe selbst ist ungemein rauh und
zerrissen, von tiefen und schmalen, an Wasserfällen reichen
Klüften durchsetzt, während mächtige Bergmassen das all=
gemeine Niveau des Hochplateaus überragen. Charakteristisch
ist die sogenannte Kränzeform dieser Bergmassen mit all=
seitig senkrechtem Abfalle.

Nördlich des Lepalule weicht der eigentliche zusammen=
hängende Rand des Hochplateaus nach dem Innern zurück
(circa um 100 Kilometer), während Ausläufer sich zwischen
den Zuflüssen des Lepalule und Limpopo zungenförmig vor=
schieben, wie z. B. die Sutherland= und Murchison=Berge.
Im Winkel zwischen dem scharfen Knie des Limpopo und
dem Limwubu, bilden die dem Hochplateau aufgesetzten
Zoutpans=Berge mit ihrem südwestlichen Abfalle zugleich jenen

besonders auf dem central= und südafrikanischen Hochlande keine Rede sein
kann, vielmehr die Einzelerhebungen über das allgemeine Niveau, bei
reihenförmiger oder gruppenförmiger Anordnung mit dem Ausdrucke
„Gebirge, Gebirgsland" hervorgehoben werden sollen.

des eigentlichen Hochlandes. Auch hier ist der Rand des Hochlandes sowohl, als auch jener der zungenartig vorge= schobenen Ausläufer durch isolirte Kuppen (Kops) markirt. Unter den, die Mittelstufe überhöhenden Culminations= punkten, welche gegen den Limpopo hin stetig an Höhe ab= nehmen, sind die 4= bis 500 Meter hohen Masigobi= und Um= bilala=Berge hervorzuheben. Die Lobombo=Berge als Außen= rand dieser Stufe erreichen ebenfalls am Lepalule ihr nörd= liches Ende.

Der Unterlauf des Limpopo bildet nunmehr eine breite Erhebungslücke. Während einerseits das eigentliche Küstenland auf einen schmalen Streifen Landes zusammen= schrumpft, entwickelt sich die durch einen von Hügelreihen gebildeten Außenrand von durchschnittlich 180 bis 240 Meter= höhe charakterisirte zweite Plateaustufe als ein schwach undu= lirtes, allmählich nach dem Innern ansteigendes Land, um ohne markanten Uebergang in einer Entfernung von circa 200 (im Quellgebiete des Bosi) bis 320 Kilometer am Unterlaufe der linksseitigen Limpopo=Zuflüsse das allgemeine Niveau des inneren Hochlandes in circa 800 Meterhöhe zu erreichen. Der Tolo=Azime=Fall des Limpopo bezeichnet die Stelle, wo dieser Fluß in 549 Meter Höhe die Hoch= landsstufe verläßt. Der Abfall auf der ganzen Strecke von den Zoutpans=Bergen bis zum Zambesi=Thale, zu welchen sich das südafrikanische Hochland allmählich abdacht, zeigt, mit Ausnahme der Theilstrecke zwischen dem Sabi und Muazi= flusse, nirgends jene prägnante Gliederung wie südlich des Limpopo. Erst zwischen den beiden oben genannten Flüssen im Sofala=Gebiete finden wir wieder drei schärfer geschie= dene Plateaustufen, und zwar das Küstenland, eine Ueber= gangsstufe mit allmählichem Abfall zu diesem, welches von den 314 Meter hohen Nyamonga=Bergen überragt wird,

und endlich den ziemlich steil aufgerichteten Rand des Hoch=
landes, das hier den Namen der Serra Chitavatanga trägt
und 1000 Meter Höhe erreicht, während die durch die tief=
eingeschnittenen Thäler des Sabi und Umswelisi isolirten
Plateaumasse im Orobi Pic und Sipungambili Pic in
1200 Meter, nördlich davon im Gundi Injanga und
Schimanimani Pic in 1370 Meter Seehöhe culminirt.

Die Erhebungslücke des Zambesi=Thales, welches erst
in der Lupata=Enge das Niveau der Küstenterrasse, in der
Kariba=Schlucht jenes der Mittelstufe und jenseits der
Victoriafälle jenes des centralen Hochlandes erreicht, trennt
das südafrikanische Hochland vom centralafrikanischen.

Nachdem wir nun die Ränder des südafrikanischen
Hochlandes kennen gelernt, wollen wir das Relief des
Binnenlandes in's Auge fassen. Von dem durch die Rogge=
veld= und Nieuweveld=, Winter=, Schnee= und Zuur=Berge
gebildeten Rand des Hochlandes senkt sich das auf große
Flächen hin sehr schwach undulirte Terrain allmählich nach
Norden und Westen, wie dies einerseits durch den Lauf
des Großen Hartebeest= und des Oranje=Rivers und deren
Zuflüsse angedeutet ist. Eine relativ flache Mulde, welche
von der Mündung des Nosob in nordwestwärts gerichtetem
flachen Bogen zum großen Salzpfannengebiete verläuft, be=
zeichnet die Richtung der größten Depression des Hochlandes
und läßt mithin erkennen, daß der östliche Abschnitt des
Hochlandes den westlichen nahezu um das Zweifache über=
trifft, ebenso wie der Ostrand den Westrand um 500 bis
1200 Meter Seehöhe. Die topische Gliederung sowohl als
auch der geognostische Charakter lassen keinen Zweifel übrig,
daß die hebenden Kräfte am Ostrande weit intensiver und
durch längere Zeit hindurch thätig waren als am
Westrande.

7*

Wenn auch im Großen und Ganzen das Niveau der inneren Hochfläche den Typus unleugbarer Einförmigkeit trägt und die Undulationen des allgemeinen Niveaus kaum Amplituden von 300 Metern überschreiten, so geht es doch nicht gut an, von einer absoluten Ebene zu sprechen, wie dies vielfach in den Lehrbüchern geschieht. Es bestehen immerhin zwischen den Culminationspunkten der dem Hochlande aufgesetzten Berge und Bergreihen und den localen Depressionen Niveau-Unterschiede von 600 Metern.

Schon circa 130 Kilometer nördlich der Nieuweveld-Berge zieht sich zwischen 21° und 23½° östl. Länge von Greenwich eine Bodenschwelle in sanftem Bogen von West nach Ost, welche von den Karree- und Pram-Bergen überhöht wird. Die typische Form der Tafelberge entwickelt sich in ihnen zu besonderer Schärfe. Alle Gipfel, und es mögen ihrer mehrere Hunderte sein, verlaufen in gleichem Niveau, d. h. circa 300 Meter über der Hochebene, alle sind oben völlig platt, erscheinen von untenauf gesehen als Pyramiden, Kuppen- und Tafelberge, deren Oberfläche nichtsdestoweniger einen Flächeninhalt von einigen Quadrat-Kilometern einnehmen. Die Abhänge sind von riesigen Trümmern herabgestürzter Sandsteinmassen bedeckt und die weitklaffenden Spaltenthäler (Kloofs), welche die einzelnen Erhebungen von einander trennen, lassen sich schon aus beträchtlicher Entfernung erkennen. Im Westen derselben setzt sich der Rand des durch die Karree-Berge angedeuteten Hochplateaus, welches gleichsam das allgemeine Niveau des südafrikanischen Hochlandes krönt, in nordöstlicher Richtung als Hartogs-Rand und jenseits des Oranje in den Lange-Bergen bis zu den Maabschi-Bergen fort, eine Bodenschwelle, welche den Abfall der östlichen Hochlandsmasse zur vorher erwähnten Depressionslinie andeutet, im Stront-Berg dürfte diese Randschwelle ihren Culminationspunkt besitzen.

Unter den das allgemeine Niveau des Hochlandes übertreffenden isolirten Erhebungen seien die Katkop-Berge und Schurwe-Berge, letztere jenseits des Oranje, erwähnt. Parallel zu der durch die Lange-Berge angedeuteten Boden-schwelle zieht als Wasserscheide zwischen dem Molapo- und Hart-River eine Reihe von Einzelerhebungen, welche unter dem Namen der Asbesto-Berge, Mosib-Berg, Moropo-Berge und Kuntnana-Berge (Kaap-Plateau) bekannt sind und circa 150 bis 200 Meter die Hochebene überhöhen. Von einer westöstlich verlaufenden Bodenschwelle, des äußersten Ausläu-fers des Hohen Feldes unterbrochen, setzt sich diese im Großen und Ganzen abermals der Küstenlinie parallel verlaufende Bodenschwelle bis zum großen Salzpfannencomplex unter 21° südl. Breite fort und bildet einzelne größere Höhen-netze, wie jenes der Makarupa-Berge, der Bamangwato-Höhen, Tschopo-Berge, Moschescha-Berge u. s. w., welche als Wasserscheide zwischen dem Indischen Ocean und dem abflußlosen Binnenbecken des Salzpfannengebietes fungiren.

Selbst im Herzen der Kalahari erheben sich isolirte Höhen, wie z. B. die Mohinqua-Berge, und unterbrechen einigermaßen die Monotonie der nur zum geringsten Theile von Sandbünen-Complexen erfüllten Karri-Karri.

Relativ reich gegliedert, doch in keiner Hinsicht ein geschlossenes Gebirgsganzes bildend, ist das Bergland von Groß-Namaqua und Damara, letzteres im nördlichen bis an den Cunene reichenden Theile Kaoko- und Herero-Land genannt. In Groß-Namaqua-Land scheidet das Thal des Aub oder Großen Fischflusses den breiten Plateaurücken des Westrandes vom inneren Hochlande, das an der Thal-kante von zahlreichen isolirten Klippenbergen überhöht wird,

die dort, wo sie in großen Gruppen beisammen stehen, den
Namen Gebirge erhielten, so z. B. der Twanos-Berg
1524 Meter, das Karas- und Branas-Gebirge am östlichen,
Han-Ami-Gebirge am westlichen Plateaurand. Die Herren
Böhm und Bernsmann, Missionäre der Rheinischen Missionsgesellschaft im Herero-Lande, bemerken ausdrücklich,
daß die Berge und Hebungen des Landes nur durch tief
ausgewaschene Wasserrinnen gebildete Abschnitte der Hoch-
plateaumasse sind. Der Sockel des Plateaus, respective
der isolirten Plateaumasse, ist Sedimentgebirge, auf welchem
unordentlich hin- und hergeworfen Sandsteinblöcke liegen,
welche von oben losgerissen, den eigentlichen Fuß des Berges
bilden und bis 80 Meter von der Ebene aus meist terrassenförmig aufsteigen. Auf diesem Gerölle steht eine höchst
merkwürdige, senkrecht aufsteigende Kuppe oder Kamm,
welcher fast überall die gleiche Höhe hat. Im Omatako-
Berge erreicht das zerrissene Plateau der Herero mit
2682 Metern seinen Culminationspunkt, während die Plateau-
fläche selbst im Awaß-Plateau sich bis 1828 Meter
Höhe erhebt. Unter den zahllosen isolirten Klippenbergen
und Gruppen derselben seien noch im Kaoko-Lande das 1372
Meter hohe Atendeka-Gebirge, der 1219 Meter hohe Brand-
Berg (Onukuruvaro), im Herero-Lande die Ombotozu-
Berge 2225 Meter, das Kupferminen-Plateau 2438 Meter,
das Erongo-Gebirge 1463 Meter, die Okandyoze-Berge
1828 Meter hoch hervorgehoben.

Mit Ausnahme einiger allerdings Tausende von
Quadrat-Kilometern umfassenden, wirklich ebenen Flächen,
wie z. B. das Omaheke im Herero-Lande, ist das Terrain
der Kalahari selbst 600 Kilometer landeinwärts ziemlich
coupirt und einerseits von tief eingeschnittenen Schluchten
(Elephant- und Rhenoster-Kloof) durchfurcht, andererseits von

ziemlich bedeutenden Erhebungen (Otyorukaku-Berge, Otyi-heinene-Berge, Omuveroumue-Berge) durchzogen.

Verfolgen wir nun den Binnenabfall der Draken-Berge und die der Hochebene im östlichen Theile aufgesetzten Erhebungen. Die Ausläufer der Storm-Berge nach Süden, von Gipfeln gekrönt, welche wie der Hang-Klip 2073 Meter, im Aasvogel-Kop und Sintons Peak 1800 Meter Höhe erreichen, begleiten im Norden des Hauptkammes als relativ niedrige Höhenzüge die zahlreichen Nebenflüsse des Oranje; erst dort, wo sie von dem Culminationspunkte der Draken-Berge in süd-östlicher Richtung sich ablösen und die Quellthäler des Oranje (Noka Sinku), Cornet-Spruit und Caledon-River trennen, erreichen die Gipfel der binnenländischen Ausläufer 1800 bis 1900 Meter Höhe, d. h. überragen das allgemeine Niveau des Hochlandes um 200 bis 350 Meter. Nördlich vom Mont aux Sources zweigt sich der bedeutendste Ausläufer unter dem Namen der Witte-Berge ab (nicht zu verwechseln mit dem gleichnamigen Ausläufer südlich des Kok's-Passes) und bildet im Großen und Ganzen mit dem Hauptzuge parallel ver-laufend und das Quellbecken des Oranje-Rivers umrah-mend, die Wasserscheide zwischen Vaal- und Oranje-River. Das Maluti-Gebirge theilt dieses Becken so ziemlich in zwei gleiche Hälften. Die Form der einzelnen, die Hochebene überhöhenden Berge ist die allgemein verbreitete Tafelform; die Abhänge und der Fuß der Berge, namentlich im Basuto-Lande, sind meist von großen und zahlreichen Felsblöcken besäet, welche jeden einzelnen der Berge zu einer natürlichen Festung gestalten.

Nördlich des Vaal-Rivers erhebt sich das Niveau der Hochebene allmählich zu einer 30 bis 60 Kilometer breiten und durchschnittlich 100 bis 200 Meter relativ hohen, plateauartigen Bodenschwelle, das Hohe Feld (Hooge Veld) genannt, dessen Ostabfall mit dem Steilrand des allgemeinen Hochlandes zusammenfällt, während seine Ausläufer im Westen allmählich verflachen. Seine Bedeutung liegt in seiner Function als Wasserscheide zwischen dem Atlantischen und Indischen Ocean (Vaal und Limpopo). Sein Südrand im mittleren Theile ist unter dem Namen Gats-Rand, sein Nordrand unter jenem des Witte-Waters-Rand bekannt. Hier scheidet ein schmales, kloofartiges Thal das Hohe Feld von den Magalies-Bergen, welche das Niveau der Hoch-ebene um 200 bis 300 Meter überragen.

Nördlich derselben wird das Gebiet der Transvaal theils von plateauartigen Massen, welche sich 100 bis 200 Meter über das allgemeine Niveau erheben und von iso-lirten Klippenbergen gekrönt werden, theils von Bergreihen und Zügen durchzogen, welche im Allgemeinen in Westsüd-west-Ostnordost-Richtung streichen. Von dem Hohen Feld trennt diese Erhebungen eine von dichtem Buschwald bedeckte Ebene, welche im westlichen Theile als Busch-Feld bekannt ist. Zu den ersteren gehören die Pilands-Berge, Marikele-Berge, De Plaaten, Hanglip-Berge, Water-Berge, Zoutpans-Berge, Blau-Berg und Matyathes-Berg, zu den letzteren die Dwars-Berge, Witfontein-Berge und die zahlreichen ihrer Kuppenform wegen Koppies-Berge benannten isolirten Klippenberge. Der Plateaurand gegen den Limpopo ist durch eine Reihe von Erhebungen ausgeprägt, welche unter dem Namen der Mural-Berge, Siloquana-Berge, Tweede- und Derde-Berge bekannt sind und kaum 100 bis 150 Meter relativer Höhe erreichen.

Am reichsten gegliedert, d. h. zerklüftet und zerrissen ist die Hochebene an ihrem Ostrande in den Golddistricten von Lydenburg; hier erreicht die Hochebene auch im allge-meinen Niveau ihren Culminationspunkt und zeigt auch ein

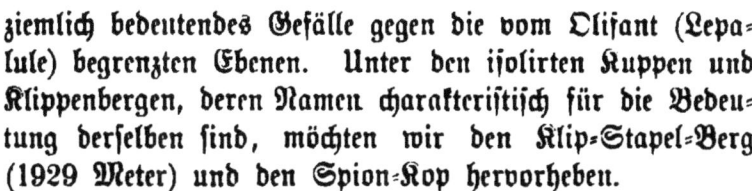

ziemlich bedeutendes Gefälle gegen die vom Olifant (Lepa=
lule) begrenzten Ebenen. Unter den isolirten Kuppen und
Klippenbergen, deren Namen charakteristisch für die Bedeu=
tung derselben sind, möchten wir den Klip=Stapel=Berg
(1929 Meter) und den Spion=Kop hervorheben.

Nördlich des Limpopo bezeichnen ebenfalls isolirt auf=
tretende Erhebungen den Rand des zum Flußthale abfallen=
den Plateaus, deren bedeutendste wir unter dem Namen
der Morati=, Makuatoe=, Matschopong= und Tscharibe=
Berge kennen. Ebenso wie sich das allgemeine Niveau des
Hochlandes nördlich des Limpopo gegen den Zambesi all=
mählich senkt und im Vergleiche zum Transvaal=Gebiete
um 200 bis 350 Meter an Höhe verloren hat, ist dies
auch mit den die Hochebene krönenden Erhebungen der Fall,
unter denen die als Wasserscheide zwischen Limpopo und
Zambesi fungirenden Matoppo=Berge, in ihrer östlichen
Hälfte Maschona=Berge genannt, die bedeutendste an Höhe
und Entwicklung ist. Im Westen mit ihren Ausläufern das
relative Depressionsgebiet des großen Salzpfannen=Complexes
begrenzend, reichen sie als plateauförmige Masse bis zum
31.° östl. Länge von Greenwich und lösen sich in der Strei=
chungsrichtung Südwest=Nordost (respective Westsüdwest=
Ostnordost) in eine Reihe einzelner Höhenrücken auf. Parallel
mit den Matoppo=Bergen, einigermaßen eine Plateau=
stufe gegen den Zambesi hin markirend, zieht eine Reihe
von Bergen, welche die Namen Jura=, Goto=, Nabsou= und
Lobola=Berge tragen, deren Ausläufer ziemlich steil zum
Zambesi abfallend, das Flußthal schluchtenförmig verengen.
In ihren Gipfeln erreichen die Matoppo=Berge die absolute
Höhe von 1700 Metern.

Es erübrigt uns noch, bevor wir nochmals einen
Rückblick auf das allgemeine hypsometrische Bild des süd=

afrikanischen Hochlandes werfen, das Depressionsgebiet des Ngami-Sees und Salzpfannenbeckens zu charakterisiren. Von den Rändern des südafrikanischen Plateaus, welches hart südlich des Ngami-Sees noch von einzelnen Bergen überhöht wird, im Süden, von den Ausläufern des Damara-Berglandes im Westen, jenen der südäquatorialen Wasserscheide im Norden und jenen der Matoppo-Berge im Osten begrenzt, nimmt das Depressionsgebiet einen Flächenraum von circa 46.300 Quadrat-Kilometern ein. Nach den neueren Forschungen liegt der tiefste Punkt des ganzen Gebietes an der Soa- und Karri-Karri-Salzpfanne in circa 740 Metern absoluter Höhe, während der Ngami-See 893*) Meter hoch zu liegen kommt. Eine mäßige Bodenschwelle von Hügeln gekrönt, trennt das Depressionsgebiet vom Tschobe und culminirt im Kabatsa-Berg, sowie weiter östlich in einem Höhenzuge nördlich des Landes der Tausend Teiche mit ca. 957 Metern.

Das hypsometrische Bild des südafrikanischen Hoch-landes, zu dessen Illustrirung wir hier einige Profile in Zahlen ausgedrückt folgen lassen, zeigt uns die Erscheinung, daß unter gleicher geographischer Breite (30 bis 31° südl. Breite) der östliche Abschnitt um nahezu 500 Meter höher liegt, als der westliche Theil, ein Verhältniß, das sich bei

---

*) Die von Livingstone ursprünglich angegebene Seehöhe des Ngami-Sees zu 1132 Meter (3713 engl. Fuß) wird durch die Höhenmessungen der Missionäre Hahn und Rath an der Mündung des Ombongo in den Okavango zu 902 Metern unmöglich, da der Okavango erst nach einem ca. 120 Kilometer langem Laufe als Tioge in den Ngami-See mündet und dieser See daher unmöglich höher liegen kann. Wir halten selbst die Zahl von 893 Metern für zu hoch, da in diesem Falle dem Okavango nur ein Gefälle von 9 Metern auf 120 Kilometer Lauflänge zukäme, was uns unwahrscheinlich dünkt.

Vergleich der Culminationspunkte (Cathkin=Peak am Ost=
rande, Iwanos=Berg am Westrande) bis zur Verdoppelung
steigert; umgekehrt unter 21° südl. Breite der Westrand
weit entwickelter und nahezu doppelt so hoch liegt als der
Ostrand.

Ein Profil zwischen 26 und 27° südl. Breite von
Ost nach West gezogen, giebt folgende Höhencoten: Thal=
sohle des Umvolosi bei Durchbruch der Libombo=Berge 270;
Taba=Nëu 540, Setigalanga 585, Taba Umboom 1175,
Lake Chrissie Clark 1753 (Klip Stapel=Berg 1929), Kruger's
Farm 1433, Wonderfontein 1459, Makok's Kraal 1466,
Giraffe=Station 956, Beethanien 1202 (Branas=Gebirge 1524),
Angra Pequena 20 Meter.

Zwischen 20 und 22° südl. Breite in derselben Rich=
tung von Küste zu Küste: Sofala 0 Meter, Tschama=
tschama (Umzila's Kraal) 975, Lahombo 815, Pillar=
Kraal 735, Tati 1036, Tschapo's Stadt 805, Quarantaine
Bley 1182, Rietfontein 1051, Twaß 1204, Windhoek 1177,
Otyikango (Neu=Barmen) 1318, Otyimbinque 945, Salem
467, Scheppmannsdorf (Küste) 152 Meter. Etwas südlicher
unter 23° südl. Breite ist der Gegensatz zum Ostrande noch
schärfer; wir finden: Twaß 1204, Otjamatanga 1582,
Rehoboth 1631, Küste 100 Meter.

Hingegen zeigt ein Profil zwischen 29 und 31° südl.
Breite von Ost nach West fortschreitend folgende Coten:
Tugela=Mündung 0 Meter, Greytown 1091, Westown 1399,
Kamm der Draken=Berge 1950 (Cathkin=Peak 3157), Thabo
Bosig 1539, Bloemfontein 1600, Hopetown 1134, De Kruis
908, Steinkopf 614 (Welcome=Berg 1564), Küste 20 Meter.
(Die Variante im östlichen Theile D'Urban=Bloemfontein
zeigt folgende Zahlen: D'Urban 0 Meter, Pietermaritz=
burg 612, Westown 1399, Colenso 1048, Ladysmith 1052,

Van Reenen=Paß über die Draken=Berge 1646, Bloem=
fontein 1600 Meter.)

Die Gliederung, respective die Undulationen der Hoch=
ebene und der terrassenförmige Bau des Südrandes läßt
folgendes Profil von der Südküste zu den Victoriafällen
des Zambesi zwischen 25 und 26° östl. Länge von Greenwich
sehr klar erkennen: Südküste an der Algoa=Bai (erste Ter=
rasse) 50 Meter, Thal des Zondags=River (zweite Terrasse)
318, Kamm der Zuure=Berge 853 (Gipfel 1009), Graf
Reynett (dritte Terrasse) 1106 (Compaßberg 2591), Coles=
berg (Hochplateau) 1180, Hopetown 1134, Kuruman 1060,
Matito 1039, Giraffe=Station 956, Molapo=Furth 899,
Tschuan 920, Kanya 1118, Kolobeng 1107, Lopepe 878,
Lotlakane 829, Daka 927, Victoriafälle 762 Meter.

Am Binnenabfall des Ostrandes zwischen 28 und
30° südl. Breite finden wir von der Küste zum Zambesi
vorgehend: Newcastle 150 Meter, Grahamstown (erste
Terrasse) 520, Philipton (Randkette der zweiten Terrasse)
1680, Queenstown (zweite Terrasse) 1070, Paß über die
Storm=Berge 1798, Dortrecht (Hochplateau) 1657, Thal=
sohle des Nu Garib (Aliwal North) 1220, Bloemfontein
1600, Potschefstroom 1317, Holfontein 1466, Rustenburg
1027, Klipkuil 1183, Notuani=Mündung 687, Schoschong
1024, Tschakani=Pan 1115, Tati 1036, Kamm des Matoppo=
Plateaus 1628, Inyati 1255, Hartley=Hill 1074, Thalsohle
des Zambesi 240 Meter. Die Variante Ladysmith=Lyden=
burg zeigt die Coten: Ladysmith 1052, Biggarsberge 1317,
Newcastle 1100, M. Wesselsstroom 1615, Amersfort 1532,
Lake Chrissie Clark 1753, Lydenburg 1434 Meter, und läßt
weiter die geringe Niveaudifferenz zwischen dem unmittel=
baren Ostfuß der Draken=Berge und der Steilrandkante des
Hochlandes erkennen.

Die Undulation des Plateau-Niveaus am Westrande tritt aus folgenden Zahlen hervor: Von Süd nach Nord zum Cunene vordringend, finden wir: Steinkopf 914 Meter, Warmbad 1158, Bethanien 1202, Amhub 1366, Karabib 1432, Rehoboth 1631, Windhoek 1177, Neu-Barmen 1318, Opatakua 1079, Ekango 1139, Oruunaruongue 1219, Omu-kutu 767, Ohamutefe 579, Fort Humbe 398 Meter. Diese eben angeführten Zahlen werden zur Evidenz zeigen, daß die dem Hochlande vindicirte Einförmigkeit sich nur auf die typische Form der Erhebungen erstreckt, daß aber die Niveau-unterschiede immerhin noch solche sind, welche stellenweise eine den europäischen Berg- und Hügellandschaften als Vor-stufe des Mittelgebirges analoge Gliederung involviren.

B. Centralafrikanisches Hochland.

Anknüpfend an die Gliederung des südafrikanischen, wollen wir zunächst den Westrand, sodann die südäqua-toriale und nordäquatoriale Wasserscheide, das von beiden umrahmte Congo-Becken und schließlich die Hochlandsmasse Ost-Afrikas, d. h. den Ostrand des centralafrikanischen Hoch-landes und seine nördliche Fortsetzung betrachten.

Der Westrand.

Nördlich des Cunene ist die Gliederung des West-randes bis zu der Masse des steil zum Meere abfallenden Mungo ma Loba oder Cameruns Peak im inneren Winkel des Meerbusens von Guinea im Großen und Ganzen eine fast regelmäßige zu nennen. Wir können auf der ganzen Strecke drei Stufen verfolgen, deren Breite allerdings wechselt, die aber meist sowohl zur Küste als auch unterein-ander ziemlich parallel verlaufen. Zunächst der Küste,

welche mit Ausnahme der flachen Strecken an der Mün=
dung des Muni, Eyo und im Ogowe=Delta, theilweise
auch an der Congo=Mündung, durchgehends Steilküste ist
und als .50 bis 70 Meter hoher Steilrand zum Meere
herabsinkt, stoßen wir auf ein 50 bis 150 Kilometer breites,
von unbedeutenden Unbulationen und isolirten Höhenrücken
durchzogenes Küstenflachland, das nur an den Thalrändern
der großen Küstenflüsse von Höhenzügen gekrönt wird,
welche 100 bis 120 Meter über das allgemeine Niveau der
Stufe, welches zwischen 50 bis 120 Meter variirt, empor=
ragen. Unter den isolirten Küstenerhebungen, welche auf=
fallenderweise gerade an der Flachküste die größte absolute
Höhe erreichen, möchten wir den Bumbnayoka 585, Bouët=
Berg 200 Meter hervorheben. Die geringste Breite dieser
Stufe finden wir conform der geringen Laufentwicklung
der Küstenflüsse in der Breite von Benguela die größte, in
der Provinz Angola 150 Kilometer, wonach Dondo nur
37 Meter (nach Buchner, 70 Meter nach Schütt) über dem
Meere liegt. Ueber die Gliederung und den Charakter dieser
Stufe zwischen der Mündung des Eyo= und Cameruns=River
wissen wir bisher nichts Näheres, bei der Gleichförmigkeit
des übrigen Westrandes lassen sich dessen Verhältnisse aber
mit großer Wahrscheinlichkeit auch diesem bisher unerforschten
Theile zuerkennen.

Diesem Küstenflachland folgt eine 40 bis 100 Kilo=
meter breite Uebergangsstufe zum eigentlichen Hochplateau,
und zwar ist diese in der Provinz Mossamedes am brei=
testen, in der Provinz Angola am schmälsten. Im Großen
und Ganzen wird sie durch eine ziemlich gegliederte, stellen=
weise zerrissene Berglandschaft dargestellt, welche meist
parallel zu den Hauptflüssen von beträchtlichen secundären
Thalbildungen durchfurcht wird, ebenso streichen die Kuppen

der Höhenzüge, welche die Thalwände krönen, meist von
Ost nach West. Gleich der Breite wechselt auch die Höhe
dieser Stufe unter ein und demselben Meridian auf dem
Raum zwischen Cunene und Cameruns-River. Der Abfall
zur Küstenstufe ist fast auf der ganzen Linie durch steil
aufragende Höhenrücken markirt, welche oft auf große
Strecken hin sich reihenförmig anordnen und bis zu
1000 Meter Höhe culminiren. Diese Höhenrücken haben
sowohl am Rande als auch im Innern dieser Stufe und
als Randerhebungen des Hochlandes von den Portugiesen
den Collectivnamen Serra erhalten. So bilden die Serra
de Mocambe, Serra Lungue-Ria-Han, Serra Ngello, Serra
Alunsi-, Aschankolo-Berge, Pondum-Berge, die Cordillera-
Paluviole u. s. w. die markanten Ränder dieser Uebergangsstufe, welche am steilsten in der Breite von Benguela
im Upa-Paß zur Küstenterrasse abfällt und hier am Rande
die Höhe von 1091 Metern, an der Thalsohle des Upa noch
884 Meter Seehöhe erreicht. In der Provinz Angola steigt
östlich des Rio Lucalla und seines Nebenflusses diese Stufe
mit 100 Metern hohem Rande steil aus dem Küstenflachlande und ist ungemein coupirt, die Kuppen der zwischen
dem Küstenflusse streichenden Höhenzüge, welche den ganzen
Raum zwischen diesem einnehmen, erreichen zwischen dem
Oberlaufe des Luce und Bengo über 1000 Meter und haben
sehr oft die Form steiler, isolirter Kegel mit grotesken
Felspartien (Tumba-Berg 990 Meter, Tumbe Catete
ca. 1200 Meter).

Nördlich des Congo erreicht die Randkette dieser
Stufe schon nur mehr 300 bis 400 Meter Höhe, obwohl
die aus diesem aufragenden Gipfel selbst bis zu 1000 Meter
und mehr sich erheben (Jgumbi Andele-Berg 1067, Osubu
Orere-Berge 914, Mont de la Mitre 1201 Meter. Dabei

verändert sich das Streichen der einzelnen Höhenzüge dieser
Stufe nördlich des Congo, indem alle untereinander und
zur Küste parallel streichen und die Uebergangsstufe in eine
Reihe secundärer Terrassenabfälle gliedern.

An dieses Bergland der Uebergangsstufe schließt sich
im Osten das Hochplateau an, dessen Außenrand auf große
Strecken hin durch Bergreihen (Serra's) markirt wird, welche
bis 1700 und 1800 Meter Höhe erreichen, so daß die
Differenz zwischen dem Randniveau des Hochplateaus und
der mittleren Seehöhe der Uebergangsstufe bis 800 und
900 Meter erreicht. Verfolgen wir das Hochplateau von
Süd nach Nord, so sehen wir in der Provinz Mossamedes
den Rand derselben durch eine Reihe von Bergzügen ge=
bildet, welche als Serra de Chella, Serra da Neve, Serra
da Munda, Serra Quicossio=Coso, meist parallel zur Küste
streichen und sich steil über die Uebergangsstufe erheben.
In der Breite von Benguela tritt die durch die Serra
Lingi=Lingi gebildete Randerhebung des Plateaus, 1789 Meter
hoch, bis auf 190 Kilometer an die Küste heran, weicht aber
nördlich des 12.° südl. Breite bis zum 15.° östl. Länge
von Greenwich zurück und verläuft ziemlich meridianal bis
zum Quanza, wo sie unter dem Namen Serra Camingua
bekannt ist. Jenseits des Quanza tritt der Rand des Hoch=
landes noch um einen halben Längengrad binnenwärts
zurück und streicht vom Westabfall der Serra Gamana und
des durch seine schroffen Formen weithin erkennbaren,
meridianal streichenden Bango=Gebirges oder der Serra
da Canganza, dessen Gipfel 100 bis 150 Meter über das
allgemeine Niveau der Hochebene (1200 Meter) aufragen,
in ununterbrochener Linie bis zum Congo, wo der Rand
durch die Serra Zombo markirt wird, die aber hier nur
mehr 762 Meter absolute Höhe erreicht. Die Abdachung

des Hochplateaus nach Norden ist stetig und umfaßt, wenn
wir die beiden Punkte Serra Balomba und Serra Zombo
in Betracht ziehen, ein Gefälle von über 1000 Meter.
Jenseits des Congo kennen wir den Außenrand des Hoch=
plateaus, das nach den allerneuesten Forschungen Brazza's
eine durchschnittliche Seehöhe von ca. 800 Metern besitzt,
von zwei und drei Randketten besäumt, unter dem Collectiv=
namen der Serra Compliba. Im Ogowe=Gebiet, dessen Topo=
graphie uns schon eingehender bekannt wurde, können wir
zwischen 3° südl. und 2° nördl. Breite drei solcher Rand=
ketten unterscheiden, von denen die innerste südlich des Ogowe
den Namen Aschongokette trägt und mit den Birogu Buanga=
Bergen 784 Meter hoch culminirt.

Nördlich des Ogowe gewinnt der Rand des Hoch=
plateaus, der hier ebenfalls aus zwei und drei Parallel=
zügen gebildet wird, welche unter dem Collectivnamen Serra
do Cristal oder Anengenpala=Berge bekannt sind, an See=
höhe, indem die innerste Randerhebung in circa 1500 Metern
culminirt und einzelne Berge, wie z. B. die Ningo Mpala=
Berge, des äußeren Randzuges 743 bis 1402 Meter Höhe
erreichen. Noch weiter nördlich erreichen die Seven Hills
und der Alouette=Berg 850 bis 900 Meter Höhe.

Eine natürliche Folge der an manchen Stellen äußerst
beträchtlichen Niveaudifferenzen zwischen dem Küstenflach=
lande und dem Hochplateau, in das die Flüsse nirgends
tiefer als 100 bis 120 Meter eingeschnitten sind, ist das
Vorkommen zahlreicher Katarakte, Stromschnellen und
Fälle an der Durchbruchsstelle des Hochlandes, besonders
dort, wo der Abfall des Hochlandes zur Uebergangsstufe
ein steiler und deutlich markirter ist. Vom Rio de S. Nicolao
bis zum Camerun=Flusse bilden alle Flüsse, welche ihre
Quelle auf dem Hochplateau haben, an dieser Stelle Wasser=

fälle, unter welchen wir den Upa-Fall des Catumbella, den Cambambe-Fall und Kaiserin Augusta-Fall des Cuanza, den Fall des Lucalla bei Luxillo, die Arthington-Fälle des Brize, die Yellala-Fälle des afrikanischen Amazonas des Congo, die Insesa-Katarakte des Luëme, die Nägoschi-, Eugenie-, und Samba-Fälle des Ngunie, die Stromschnellen des Ogowe unterhalb der Okono-Mündung, die Fälle des Utamboni (Muni) und des Eyo nennen wollen. Am bedeutendsten dürfen wohl die Arthington-Fälle des Brize genannt werden, welcher über das Plateau von Zombo zuerst 46 Meter senkrecht und in mehreren Stufen weitere 76 Meter herabfällt (Gesammthöhe der Fälle 122 Meter.) Dieser eigenthümlichen Configuration des centralafrikanischen Hochlandes ist es auch zuzuschreiben, daß die Erschließung des Innern von Westen her bis in die neueste Zeit nur sehr geringe Fortschritte machte.

Die Breite des Hochplateaus selbst ist eine sehr verschiedene, während es zwischen 11 und 13½° südl. Breite sich als Wasserscheide bis zur ostafrikanischen Hochlandsmasse fortsetzt und sogar in dieser Richtung noch an Höhe gewinnt, verengt es sich nördlich des 11.° immer mehr und fällt als Sa. Catanho (1219 Meter) und Serra Tala Mogongo (700 bis 1300 Meter), weiter nördlich als Serra do Sal zur Thalebene des Quango ab. So besitzt das Plateau unter 11° südl. Breite noch eine westöstliche Erstreckung über 400 Kilometer, unter 7° südl. Breite jedoch nur mehr eine solche von 100 Kilometern. Nördlich des Congo geht das Hochland, von dem Thalbecken des Ogowe getheilt, in die nordäquatoriale Wasserscheide über, deren Gliederungsverhältnisse, so weit sie uns bekannt sind, wir in der Folge in's Auge fassen werden. Südlich des 13.° südl. Breite senkt sich das Hochland allmählich nach Osten und Süden zur Thalsohle des Cunene, hebt sich aber jenseits derselben wieder, um mit dem allmählichen Abfalle der süb= äquatorialen Wasserscheide sich zu verschmelzen. Das Hoch= plateau stellt auf der ganzen Strecke vom Cunene bis zum Camerun=Flusse keineswegs eine Ebene dar, sondern ist von zahlreichen, zuweilen außerordentlich breiten Thälern durch= schnitten und gleicht im Relief einem gewellten Hügellande, das jedoch auch reich an bizarren Felspartien und isolirten Felskegeln ist; so z. B. tritt bei Pungo a M'Dongo eine isolirte Klippe mehr als 100 Meter über das allgemeine wellige Niveau des Hochplateaus empor.

Die südäquatoriale Wasserscheide.

Von der Serra de Chella in einer convexen Bogen= linie über die Serra da Neve, Serra da Munda, Serra Vissegua, Serra Chinhinga nach Nordosten zum Hochplateau von Bihe, hier scharf nach Süden umbiegend bis 13° 40' südl. Breite und nun wieder in nordwestlicher Richtung zum Cangala=Plateau und über dasselbe in derselben Rich= tung bis 11° südl. Breite und 23½° östl. Länge von Greenwich, hier wieder scharf nach Süden umbiegend und nun zwischen 12 und 13° südl. Breite fast rein westöstlich ziehend, verläuft die Culminationslinie einer Bodenschwelle in einer mittleren Seehöhe von 1500 bis 2000 Meter, welche als Hauptwasserscheide zwischen dem Atlantischen und Indischen Ocean zugleich die Masse des ostafrikanischen Hoch= plateaus mit dem westlichen verbindet und die südliche Um= rahmung des Congobeckens bildet. Von zahlreichen, im westlichen Theile tief eingeschnittenen Flußthälern durchsetzt, dacht sich das die Wasserscheide bildende Hochland allmählich nach Norden und Süden ab, im Norden zum großen Congobeden mit seinen Ausläufern sich fächerartig zwischen

8*

den zahlreichen linksseitigen Zuflüssen des Congo ausbrei=
tend, nach Süden ebenso allmählich zum Zambesi und Cu=
bango verflachend, hier noch allmählicher, da der Fuß dieser
südlichen Ausläufer noch immer um ca. 300 Meter höher
liegt, als jener der nördlichen. Während diese Bodenschwelle
im westlichen Theile drei schärfer abgegrenzte Plateau=Ab=
schnitte bildet, und zwar jenen von Bihe (Wasserscheide
zwischen dem Quellsystem des Quango und Cubango), jene
von Quioco (Wasserscheide zwischen dem Quellsystem des
Quanza, Quango und Cassai) und jenen von Cangala, süd=
südöstlich des vorhergenannten (Wasserscheide zwischen dem
Flußsystem des Congo und Zambesi), ist der breite Rücken
dieser Bodenschwelle zwischen 20 und 24° östl. Länge von
Greenwich so schwach undulirt, daß man nur mit Mühe
die wasserscheidende culminirende Terrainwelle verfolgen
kann. Die Zahl der auf dieser Strecke entspringenden
Wasserläufe ist eine ungemein große. Erst östlich des 24.°
östl. Länge, nachdem die Wasserscheide zum zweiten Male
scharf nach Süden umgebogen, tritt die Erhebungslinie
schärfer hervor und entwickelt sich östlich des 25.° zu einem
förmlichen Gebirgszuge, dem Lukinga= oder Babisa=Gebirge,
dessen Gipfel jedenfalls 2200 Meter und mehr erreichen
dürften, und das auf seiner ganzen Ausdehnung von circa
800 Kilometern die scharf ausgeprägte Wasserscheide zwischen
dem Congo= und Zambesi=System bildet.

Vom Quioco=Plateau, dessen Seehöhe gleich jener der
beiden anderen von Bihe und Cangala, 1700 Meter beträgt,
löst sich nicht als Gebirge, wie vielfach angenommen,
sondern als der überhöhte Thalrand des Quango, die Serra
Mosamba ab, ebenso wie der von Bergklippen überhöhte
Ostrand des Plateaus von Bihe und der Nordrand des
Cangala=Plateaus das tief eingeschaltete Thal des Quanza um=

rahmen, deſſen Quelle der Muſſombo-See, im innern Winkel
der erſten ſcharfen Umbiegung der Waſſerſcheide nach Süden
unter 13° 40′ ſübl. Breite liegt. Während das Thal des
Quanza ſich aber nördlich des 12.° ſübl. Breite verengt,
erweitert ſich jenes des Quango immer mehr und bildet
zwiſchen 10 und 8° ſübl. Breite eine leicht gewellte Ebene,
aus welcher nur iſolirte Gruppen von 120 bis 200 Meter
hoher Berge aufragen, ſo zwar, daß dieſe noch immer unter
dem Niveau des von der Serra Moſamba im Oſten von
der Serra Tala Mogongo im Weſten umſäumten Hochplateaus liegen. Der Nordabfall des Hochplateaus hat
allgemein den Charakter eines leicht gewellten Hügellandes,
das in Stufen zum Congo-Becken verläuſt, wofür die zahlreichen Katarakte und Fälle ſowohl des Quango (Capa-
ranga-Fall 50 Meter hoch), N'Zamba-, Toaza- und Suco ia-
Muquita-Fälle) als auch jene des Kaſſai (Katende- und
beſonders der Mbimbe-Fall ſüdlich der Reſidenz Mai's)
ſprechen. Dort wo die Hauptwaſſerſcheide zum zweiten
Male nach Süden umbiegt, alſo im Quellgebiete des Liambei
(Zambeſi-Syſtem) und Lulua (Congo-Syſtem), ſteigen die
Ausläufer des Hochlandes allmählich wieder an, d. h. in etwa
gleicher geographiſcher Breite ſind ſie hier höher als weſt-
licher zwiſchen dem Luaſchimo- und Lulua-Fluſſe, ſie bilden,
ohne auffallende Terrainwellen erkennen zu laſſen, hier die
Waſſerſcheide zwiſchen dem Lomami und den Zuflüſſen des
Lualaba und reichen bis über den Aequator hinaus. Vom
Lofinga-Gebirge endlich löſen ſich zwei ſchärfer ausge-
prägte Züge in nördlicher Richtung ab, und zwar zunächſt
die Kone-Berge als Waſſerſcheide zwiſchen Lualaba und Lufira
und das Konde-Jrunga-Gebirge als Waſſerſcheide zwiſchen
Lufira und Luapula, zugleich umſäumt letzteres das Becken des
Bangweolo- und Moero-Sees und ſendet ſeine Wäſſer dieſen zu.

Nach Süden fällt die Wasserscheide, wie bereits erwähnt, sowohl zwischen dem Cunene und Cubango, als auch zwischen diesen und dem Cuando allmählich, hingegen zwischen diesem und dem Loangwa in mehreren Stufen zur Thalsohle des Zambesi ab, wie dies die zahlreichen Fälle des Zambesi auf der Strecke Libonta-Schescheke erkennen lassen (Nambwe-Katarakt, Kale Bombwe-Fall, Gonye-Fall u. s. w.). Der östliche Thalrand des Zambesi zwischen dem Liambei und Kabompo ist durch Bergreihen gekrönt, welche unter der Bezeichnung Monakatze-Gebirge nach der Schätzung Livingstone's bis 2000 Meter ansteigen sollen. Oestlich des Kaschteja (Livingstone's Mabschila) ist die Abbachung des Hochplateaus von zahlreichen, theils isolirten Bergmassen (Maundo-Berg, Tschisamena-Berg), theils zu Reihen angeordneten Bergen (Buila-Berge) überhöht und fällt ziemlich steil zum Zambesi herab.

Die folgenden Höhencoten werden das Relief der Wasserscheide und die Abbachungsverhältnisse näher erläutern. Wir finden auf dem Wege von Mossamedes zum Hochplateau von Quioco und weiterhin bis zum Anschlusse an die ostafrikanische Hochlandsmasse: Quillengues (Uebergangsstufe) 904 Meter, Ngolo 1470, Caconda 1679, Dumbo 1677, Mama 1713, Wasserscheide 1760, Bihe (Belmonte) 1627, Quango-Thal unter 12° südl. Breite 1258, N'Dumba Attembo 1327, Hochebene von Quioco 1700 Meter, Peho 1390, Dilolo-See 1445,*) Kisenga 1158, Lokinga-Gebirge ca. 2000 Meter.

---

*) Livingstone's Angabe von 1445 Metern ist offenbar zu hoch gegriffen, da auf der ganzen Strecke von Peho bis Kisenga die Wasserscheide nach Cameron's Messungen zwischen 1158 bis 1097 Meter schwankt.

Zwischen 22 und 23° östl. Länge von Greenwich er=
halten wir folgendes Profil der beiderseitigen (nördlich|südlichen)
Abdachung: Mündung des Sankuru in den Congo ca. 400
Meter, Mai's Residenz nach Schütt 557, Mona Hongolo
954, Kimbundo (nach Buchner) 1100, Peho 1390, Ka=
tenbe 1097, Mueje ca. 1100, Ngami=See 893 Meter. Hin=
gegen zwischen 25 und 26° östl. Länge: Kasengi 671 Meter,
Kamwawi 866, Kalimatschio=Hügel 884, Mohrja=See 939,
Kilemba 744, Kassali=See 533, Wasserscheide im westlichen
Theile des Lokinga=Gebirges 1800, Victoriafälle des Zambesi
760 Meter.

Nordäquatoriale Wasserscheide.

Während wir die südäquatoriale Wasserscheide oder
die südliche Umrahmung des Congo=Beckens auf große
Strecken hin ziemlich genau kennen, sind wir bisher über
den Verlauf und den orographischen Charakter der nord=
äquatorialen völlig im Dunklen. Soweit ein Schluß aus
dem Charakter der bekannten Nachbargebiete und Randzonen
auf jenen dieser Wasserscheide mit einiger Berechtigung ge=
zogen werden darf, möchten wir den Raum zwischen 10
und 26° östl. Länge von Greenwich von einer plateau=
artigen Bodenschwelle ausgefüllt annehmen, deren durch=
schnittliche Seehöhe jedenfalls 800 bis 1000 Meter be=
tragen muß.

Durch Brazza's Entdeckung des Alima, Licona und
Lebai=Ocua als Zuflüsse des Congo und der Neben=
flüsse des Ogowe, Schebe, Nconi und Passa, kennen wir
den südwestlichen Theil dieser Bodenschwelle, welche bei
einer Höhe von ca. 800 Metern zwischen 1 bis 2° südl.
Breite allmählich zum Congo als auch zum Thalbecken des
Ogowe abdacht. Die Pubara= und Dume=Fälle des Ogowe

bezeichnen uns so ziemlich die Randstufen dieser Boden=
schwelle im Westen; daß auch der Alima, Licona und die
übrigen dem Congo zuströmenden Gewässer durch Fälle oder
Stromschnellen den Ost=, respective Südrand der wasser=
scheidenden Bodenschwelle andeuten, scheint uns zweifellos,
obwohl Brazza noch nichts über solche berichtet.

Durch Flegel erfahren wir weiter, daß die Quelle
des Benue circa zehn Tagemärsche südöstlich von Ribago
in den Gambere=Bergen der Landschaft Bubobubi, also circa
unter 6° nördl. Breite liegen soll, während andererseits
nach den Erkundigungen Kölle's und Comber's die Quellen
des Ojono (Croß=Rivers) und des Camerun=Rivers (Afui)
weit im Innern östlich des 12.° östl. von Greenwich liegen
sollen. Wenn wir das sich daraus ergebende Anschwellen
und die Erhebung des Bodens in Rechnung ziehen und
weiterhin nicht außer Acht lassen, daß die vielen rechts=
seitigen Nebenflüsse des Congo vom Aruwimi bis zum
Mpaka bei ihrem großen Volumen auch eine entsprechende
Laufentwicklung und Stromgebiet besitzen müssen, so erhalten
wir hinreichende Anhaltspunkte für die Bestimmung des
Verlaufes und des Charakters der nordäquatorialen Wasser=
scheide in ihrem westlichen Theile.

Verdienen die Mittheilungen des Reisenden Dr. Po=
tagos über seine Beobachtungen während einer Reise im
Westen des oberen Nil=Gebietes Glauben, so kann über den
Verlauf der Wasserscheide auch im östlichen Theile nach
unserer Ansicht kein Zweifel obwalten. Denn dann setzt sich die
von Junker und Schweinfurth beobachtete Wasserscheide
zwischen den Quellflüssen des Bahr el Ghazal und jenen des
Uëlle in einem nach Nordwesten gerichteten Bogen fort, um
sich unter 23° östl. Länge von Greenwich und zwischen
7 und 8° nördl. Breite nach Südwesten zu wenden.

Wenn wir folgende Höhencoten im Westen des Weißen
Nil: Gaba Schambäh 349, Moffo 510, Rumbek 449,
Große Seriba Ghattas 463, Kurschuk Ali 486, Ngulfala
582, Seriba Siber Adlan 757 und Dem Gudja 923 Meter
mit der Angabe des Dr. Patago's, daß der Mamun vom
Niamba-Berge nach Nordwesten (zum Aukadebbe) strömt,
vergleichen, so bedarf es keiner weiteren Erörterung, daß
das in den vorangeführten Höhencoten ausgesprochene Anschwellen des Terrains nach Westen sich auch weiter fortsetzt und die Landschaft Dar Banda nicht nur die Wasserscheide zwischen Nil und Schari, sondern auch die Wasserscheide zwischen Uëlle-Congo und Schari enthält, respective
bildet. Nach Dr. Potago's Zeichnung ist allerdings der
Zusammenhang des Uëlle mit dem Aruwimi unwahrscheinlich, hingegen jener mit dem Ukere an die Stelle getreten,
dessen Mündung in den Congo ca. 1° 10' von dem westlichen Endpunkte des Bomo (Uëlle) auf Dr. Potago's Karte
absteht. Sollte sich zudem für den großen Bogen des Congo-
Laufes, wie von mancher Seite angenommen wird, eine
nördlichere Lage ergeben, so dürfte die Identität des Uëlle
und Schari kaum mehr aufrecht erhalten werden können.
Zur Entscheidung dieser Frage gehört indeß auch die Be-
rücksichtigung anderer physikalischer Momente, weshalb wir
hier nicht weiter darauf eingehen.

Indem wir den Uebergang dieser, die nordäquatoriale
Wasserscheide bildenden Bodenschwelle in den Nordrand der
ostafrikanischen Hochlandsmasse in der Folge erörtern werden,
wollen wir hier zunächst den westlichen Theil des Nordrandes des centralafrikanischen Hochlandes näher betrachten.
Zwischen dem Cameruns-River und dem Rio del Rey steigt unmittelbar aus dem Meere die vulkanische Masse des
Cameruns-Peak empor, eine Gebirgsmasse, welche ca. 2000

Quadrat=Kilometer bedeckt und gewissermaßen einen Eck=
pfeiler des innerafrikanischen Hochlandes bildet. Cameruns=
Peak ist nicht, wie vielfach angenommen wird, ein isolirter
Kegel, sondern eine Masse, aus welcher dreißig und mehr
Spißen aufragen, welche besonders im südwestlichen Qua=
branten dem dominirenden Kegel des Mongo ma Loba
vorgelagert sind, so daß die Mächtigkeit und Steilheit der
Erhebung erst aus größter Nähe zum Ausdruck kommt.
Unter diesen dem Culminationspunkte vorgelagerten Spißen
verdient der kleine Cameruns=Pik oder Mongo ma Etindeh,
1774 Meter hoch, hervorgehoben zu werden. Die Höhe des
Mongo ma Loba ist neuestens zu 4194 Meter bestimmt
worden. Vom Massiv des Cameruns=Peak durch eine tiefe
Einsattlung getrennt, seßt sich in nordwestlicher Richtung
der ziemlich steil abfallende Rand des Hochlandes bis zur
Mündung des Benue in den Nigir fort und wird auf der
Strecke bis zum scharfen südlichen Buge des Djone= oder Croß=
Rivers von den 900 Meter hohen Rumbi=Bergen und so=
dann von den 1500 bis 1600 Meter hohen Owa=Bergen
gekrönt. Zwischen dem Croß=River und den King William=
Bergen ist der Verlauf der Randerhebung bisher noch un=
erforscht. In einem Abstande von 10 bis 30 Kilometer
begleitet von Igbegbe, woselbst der Benue eine Seehöhe
von ca. 145 Metern besißt, der Rand des centralafrikanischen
Hochlandes, den Lauf des Benue nach Osten.

Nach innen, d. h. gegen das Gebiet der Mfum,
das bisher gänzlich unerforscht ist, scheint das Hochland
sehr schnell anzusteigen, wofür der kurze Lauf der links=
seitigen Nebenflüsse des Benue bis zum Faro spricht. Ebenso
wie der Südrand der Plateauzone des Suban von isolirten
Bergen oder größeren Bergreihen, wie das Muri=Gebirge,
der Bagele=Berg (ca. 800 Meter), Maube=Berge (510),

Yarita-Berg (600), Hossere Tingling (1000 bis 1200 Meter) gekrönt wird, ist dies auch bei dem Nordrande des central-afrikanischen Hochlandes der Fall, und zwar gewinnen diese Culminationspunkte immer mehr an Höhe, je weiter wir nach Osten vordringen. So finden wir die King-Williams-Berge 290 Meter, die Oldfield Range 335 (Mt. Vidal 457), Albemarle Range ca. 1000 bis 1500 Meter, Fumbina-Gebirge 800 bis 1100 Meter hoch. Ueber die Höhe des Alantika, welchen Barth 2400 bis 2700 Meter hoch schätzt, besitzen wir leider keine sicheren Messungen, ja selbst seine Existenz scheint nach den Berichten Ashcroft's und Flegel's durchaus nicht sichergestellt zu sein, zum mindesten ist seine angegebene Höhe und allseitig steil aus der Ebene auf-ragende Form sehr zweifelhaft. Hoffentlich wird uns die jüngste Reise Flegel's darüber Gewißheit bringen. Südöstlich von Jola erheben sich zunächst die Were-Berge zu ca. 480 Meter, südwestlich, tiefer im Innern die Tschebtschi-Berge zu unbekannter Höhe. Nach den Erkundigungen Barth's soll ein anderes mächtiges Massiv, gleichsam die zweite Stufe des Hochlandes krönend, unter dem Namen Hossere Labul aufsteigen und auf demselben die linken Nebenflüsse des Faro entspringen. Die Höhe dieser Masse ist unbekannt, wird aber von Barth als hohes Gebirge bezeichnet. Die Lage desselben spricht dafür, daß es gleich den Gambere-Bergen den Rand der zweiten Hochlandsstufe krönt und jedenfalls 1200 bis 1800 Meter Höhe erreichen dürfte. Oestlich der Mündung des Faro erheben sich die Glover-Berge circa 620 Meter über der Thalsohle des Benue, der nach Dr. Mann's Berechnung bei Ribago ca. 274 Meter See-höhe besitzt, so daß die vorerwähnten Berge ca. 900 Meter über dem Meere liegen. Oestlich des Benue und südlich des Mayo Kebbi dürfte der Rand des Hochlandes immer süd-

licher zurückweichen; über den Verlauf und die Gliederung
desselben besitzen wir bisher nicht die geringsten sicheren
Anhaltspunkte, und hier finden wir daher auch die empfind=
lichste Lücke im orographischen, respective hypsometrischen
Bilde Afrikas, doppelt empfindlich, da sie auch auf hydro=
graphischem Gebiete ein noch ungelöstes Problem in sich
schließt.

Das Congo=Becken.

Allseitig vom Hochlande, und zwar im Süden und
Norden von den Hauptwasserscheiden des Continents um=
rahmt, dehnt sich in Form einer riesigen Ellipse, deren
große, ca. 1000 Kilometer lange Achse meridianal, und
zwar ca. im 21.° östl. von Greenwich verläuft, deren kleine,
ca. 600 Kilometer lange Achse ca. unter 1° südl. Breite liegt,
das Becken des mittleren Congo aus, eine Fläche von circa
680.000 Quadrat=Kilometern bedeckend. Seinem Charakter
nach scheint das bisher nur durch Stanley's Congo=Fahrt
durchquerte Becken eine wenig undulirte mit undurchdring=
lichen Wäldern und zur Regenzeit von partienweise unab=
sehbaren Sumpfseen bedeckte Ebene zu sein. Namentlich gilt
dies von dem südlich des Congo=Laufes liegenden Theile,
wo mäßige Bodenschwellen die Wasserscheide zwischen den
einzelnen linksseitigen Nebenflüssen des Congo bilden und
ein großer See (Sankorra nach Cameron, Mucanda oder
Lufua N'Gimba=See nach Schütt) sich ausbreitet. Die
großartige Entwicklung der Strombreite des Congo auf der
Strecke zwischen der Mündung des Mbura und Stanley=
Pool, die ungemein reiche Inselbildung, welche stellenweise
dem Strom eine Breite von nahezu 15 Kilometern verleiht,
zeigen, daß das Gefälle des Stromes und mithin die allge=
meine Abdachung des Beckens gegen Westen sehr mäßig sind.

Es beträgt das Gefälle auf der Strecke Nyangwe-Stanley-Pool ca. 1500 Kilometer Lauflänge, 496*) — 349 = 147 Meter d. i. ca. 0·1 Meter Gefälle auf 1 Kilometer Lauflänge. Zwischen der Mündung des Lomami und Mbura verläßt der Fluß die Randstufen des Hochlandes und betritt, nachdem er die Stanley-Fälle gebildet, das große Becken seines Mittellaufes. Seine zumeist flachen Ufer mit dichtem Urwalde bedeckt, werden an der Ukere-Mündung von den Upoto-Hügeln überhöht. Südlich der Ikelemba-Mündung treten die hohen felsigen Ränder des westlichen Hochlandes und der Ausläufer der südäquatorialen Wasserscheide immer näher an den Fluß und engen ihn auf ⅓ bis ⅕ seiner früheren Strombreite ein. Westlich von Stanley-Pool durchbricht er in einer Reihe von 42 Fällen (Livingstone-Fälle) den Westrand des centralafrikanischen Hochlandes. Das Anschwellen des allgemeinen Niveaus des Beckens sowohl nach Süden und Norden ist ein allmähliches.

Der Ostrand des centralafrikanischen Hochlandes.

Auf einer Linie von 3800 Kilometern von der durch das Zambesi-Thal angedeuteten Erhebungslücke bis an die Ausläufer der Habab-Landschaft an der Mündung des Chor Barka, zeigt der Ostrand der centralafrikanischen Hochlandsmasse, die in ihrer östlichen Hälfte als ostafrikanisches Hochland die westliche in jeder Hinsicht übertrifft, auch eine ungleich reichere Gliederung. Am Ostrande dieser riesigen Plateaumasse wirkten die Hebungskräfte in vollster Intensität, denn hier erheben sich sozusagen an der Abfalls-

---

*) Nyangwe nach Cameron 427, nach Stanley 633 Meter. Stanley-Pool nach Stanley 349 Meter. Giebt man der Messung durch Cameron das doppelte Gewicht, so erhält man als Mittel 496 Meter.

kante die höchsten Erhebungen des Continents, in die Region des ewigen Schnees aufragend. Bald terrassenförmig abgestuft, bald allmählich sich verflachend, hat der Ostabfall des centralafrikanischen Hochlandes, das nach Westen im mittleren Theile von dem Congo=Becken begrenzt, im Norden durch die nordäquatoriale, im Süden durch die südäquatoriale Wasserscheide mit der westlichen Hälfte im Zusammenhange steht, eine weit größere Entwicklung bei fast gleicher Breite der Küstenstufe. Im Allgemeinen ist auch hier der Parallelismus zur Küstenlinie ausgeprägt. Verfolgen wir nun den Ostrand und seine Abstufungen zur Küste von den Morumbala=Bergen bis zum Hochlande von Habesch, das wir als selbstständiges Glied des ostafrikanischen behandeln wollen. Zwischen Zambesi und Rovuma, in der portugiesischen Provinz Mozambique, treffen wir zunächst der Küste eine 70 bis 120 Kilometer breite Küstenstufe, von isolirten Kegeln bedeckt und ihr zunächst eine ebenfalls von isolirten Bergreihen überhöhte Uebergangsstufe zum Hochlande, welche allmählich ansteigend, im Süden 180, im Norden gegen den Rovuma hin 300 Kilometer breit ist und eine mittlere Seehöhe von ca. 400 Metern besitzt. Unter den diese Stufe krönenden Erhebungen erreicht das Njesa=Gebirge wahrscheinlich 1000 Meter Höhe, der isolirte Muago=Berg ca. 700 Meter, die Morumbala=Berge, welche vorgebirgsartig in das Tiefland des Zambesi=Deltas hineinragen, 1200 Meter Höhe. Der Uebergang zur Hochlandsstufe ist ein allmählicher, durch keine markante Terrassenbildung ausgeprägt, die Stufe selbst besitzt bis zum Nordrande des Nyassa=Sees nur eine mäßige Breite von 70 bis 150 Kilometer und wird durch das tief eingeschnittene, bis 190 Kilometer breite Faltungsthal des Nyassa=Sees und Schire von dem Gros der östlichen Hochlandsmasse getrennt, erreicht aber in den das nördliche Ostufer krönenden und steil zum Nyassa-See abfallenden Livingstone-Bergen Höhen über 3000 Meter. Zwischen 12° und 15° südl. Breite bis auf 1050 und 900 Meter herabsinkend, erhebt sich das Niveau dieses zungenförmig nach Süden vorspringenden Hochlands-abschnittes südlich davon zu 1200 Meter und mehr (die Gipfelpunkte Gome und Ngombo-Berg bis 1800 Meter), in ihm liegt in 600 Meter Seehöhe der Schirwa-See ein-gebettet, südlich dessen das Plateau im Milandsche-Berg mit 2438 Metern Höhe culminirt, während am Westufer des Schirwa-Sees der Zomba-Berg 2134 und andere Gipfel, wie der Kinbudzi- und Meschira-Berg nahezu 1800 Meter Höhe erreichen. Zwischen 15° und 16° südl. Breite durch-bricht der Schire den Rand der Uebergangsstufe in einer Höhe von ca. 340 Metern in einer Reihe von Katarakten, unter welchen der Murchison-Katarakt der bedeutendste ist.

Auch zwischen dem Rovuma und Rufidschi finden wir ähnliche Verhältnisse, ein Küstenflachland von wechselnder Breite und von 150 bis 180 Meter hohen Hügeln über-höht, ihm zunächst allmählich ansteigend eine leicht gewellte Uebergangsstufe in einer durchschnittlichen Seehöhe von 450 Metern, mit Gipfelhöhen bis zu 600 Meter (so in der erst jüngst von Dr. Kirk erforschten Landschaft Masasi, und den von v. d. Decken gemessenen Lucunde-Berg bei Mesule). Hingegen ist der Uebergang zur ersten Hochlands-stufe in der Landschaft Uhehe ein sehr plötzlicher und steiler, und zwar von 500 auf 1067 Meter. Nördlich des Rufidschi zwischen diesem und dem Rufu-Flusse ist diese Gliederung des Abfalles wesentlich verschieden. Hier erreicht das eigent-liche Küstenflachland in der Landschaft Uzaramo nur mehr eine Breite von 10 bis 40 Kilometer bei einer mittleren Seehöhe von 100 bis 150 Meter, welcher die Uebergangsstufe zum Hochlande folgt, die zwischen dem Ruaha und Wami-Flusse durch eine äußerst reich gegliederte Berglandschaft (Usagara) gebildet wird, welche eine mittlere Seehöhe von 500 bis 600 Meter erreicht mit Gipfelpunkten bis zu 1000 Meter. Diese Gebirgslandschaft mit tief eingeschnittenen Flußbetten wird von einem größeren Bergzuge, dem Rubeho-Gebirge, durchzogen, welches von Ostsüdost nach Westnordwest streicht. Von einem geschlossenen, durch fortlaufende Kammlinien ausgezeichneten Charakter ist aber auch bei ihm nichts zu finden, vielmehr ist es eine von zahlreichen, aber meist unzusammenhängenden Bergzügen und isolirten Gruppen erfüllte Berglandschaft, deren Außenrand zum Unterschiede von anderen Abschnitten des Hochlandabfalles durch Bergzüge scharf markirt wird, welche sowohl parallel zum Hochlandsrande als zur Küste streichen. Wenn wir die schon fast zur allgemeinen Kenntniß gekommene Binnenlandsroute von Bagamoyo nach Udschidschi nach Westen verfolgen, so finden wir auf der ersten Stufe dieses Uebergangsgebietes sowohl zwischen Rufidschi und Kingani, als auch zwischen diesem und Wami und nördlich desselben einzelne isolirte Hügelreihen,*) welche die Routen zu überschreiten haben (Pongwe, Kingwe, Ndumi, Posa, Kapa u. s. w.) und die das allgemeine Niveau nur um 50 bis 100 Meter überragen. Bedeutendere Höhen erreichen sie zwischen dem Ruaha- und Mgeta-River (Nebenfluß des Kingani), wo der Johnston-Berg jedenfalls 200 bis 300 Meter relative Höhe erreicht. 100 bis 180 Kilometer landeinwärts erreichen

---

*) Der englische Ausdruck Hills und Mountains giebt den orographischen Charakter solcher Erhebungen viel besser wieder, als das Wort Gebirge, das leicht zu falschen Vorstellungen führt, man wird deshalb auch auf englischen Karten sehr selten das Wort Range — Kette finden.

wir allmählich), aber stetig ansteigend den Rand der Gebirgs=
landschaft, der in der Landschaft Ukhutu als Duthumi=
Hügel, Kungwa=Hügel, in der Landschaft Usegura als
Nguru=Berge bekannt ist, bis 600 Meter Höhe erreicht und
ziemlich steil zur vorliegenden Ebene abfällt. Weiter land=
einwärts folgt unter dem Namen der Mabruki=Hügel,
Rusuta=Berge, Khambwe=Hügel, Kihondo=Berge, eine parallel
zu den vorhergenannten streichende Reihe von Erhebungen,
deren höchste, die Rusuta=Berge, Gipfelhöhen bis zu 800,
Paßhöhen bis zu 697 Meter (Goma=Paß) erreicht. Diese
Rusuta=Berge stehen durch die senkrecht auf ihre Richtung
streichenden Rubeho=Berge mit dem von isolirten Bergreihen
gekrönten Hochlandsrande in Verbindung. Die Rubeho=Berge
selbst bilden aber die Wasserscheide zwischen dem Ruaha und
Wami und umrahmen mit ihren Verzweigungen die große
Makata=Ebene am Oberlaufe des Wami. Circa 330 Kilometer
landeinwärts stoßen wir auf den Ostrand des Hochlandes, der
bei Mpwapwa 978 Meter, südlicher, in dem von Burton
irrigerweise Rubeho=Paß genannten Aufstiege 1736 Meter
Höhe besitzt. Thomson, welcher das Hochland in der Land=
schaft Uhehe erklomm, schildert den Abfall als sehr steil
und plötzlich, so zwar, daß er von den Quellen des Ecose
(rechtsseitiger Nebenfluß des Ruaha) von 1067 Metern, in
den Utschungwe=Bergen bis zur Höhe von 2042 bis 2130
Meter aufstieg und dort das große Centralplateau erreichte,
an dessen Westende der Tanganjika eingebettet ist. Hier
in der Landschaft Uhehe ist auch der Ostrand des Hoch=
landes weit reicher gegliedert als anderwärts, schon die erste
Hochlandstufe hat einen gebirgigen Charakter, das Niveau
ist stark undulirt, einzelne Terrainwellen erreichen bis zu
300 Meter relativer Höhe, eine Plateaustufe erhebt sich
über die andern bis zur Höhe der Utschungwe=Berge, dem

Rande des Central-Plateaus. Alle Höhenrücken sind abgerundet und der moorige Boden mit unzähligen großen Granitblöcken besäet.

Folgende Profilcoten zwischen dem Hochlandsrande und der Ostküste werden das Vorhergesagte am besten illustriren. Wir finden auf der Route der belgischen Expedition (1. Excursion unter Cambier und Marno 1878): Saabani 0 Meter, Ndumi 94, Msifi 253, Koa Mrere 305, Koa Riora 576, Mpwapwa 978 Meter. Auf der Route Camerons: Bagamojo 0 Meter, Kisemo 162, Simbaweni 424, Simbo (Ausläufer der Kihondo-Berge) 585, Reheneko 402, Muinji 512, Mpwapwa 978 Meter, und endlich auf der südlichsten, der Route Burton's Bagamojo 0 Meter, Sungomero 100, Goma Paß (Rufuta-Berge) 697, Makata-Ebene 391, Rumuna 610, Jnenge am Ostfuße des Hochlandsrandes 974, Paß auf das Hochland (Rubeho-Paß) 1736 Meter, Ugogo (Thalsohle des Mandamah Nullah) 874 Meter.

Zwischen Wami und Rufu sind uns die Gliederungsverhältnisse nicht näher bekannt, jedenfalls läßt sich auch hier der Rand der Vorstufe des Hochlandes in den Nguru-Bergen annehmen. Zwischen Rufu und Sabaki finden wir wieder eine Küstenebene, deren mittlere Seehöhe 183 Meter beträgt und 30 bis 60 Kilometer landeinwärts reicht, von einzelnen isolirten Höhenzügen durchzogen, welche 100 bis 200 Meter das allgemeine Niveau des Flachlandes überragen. Diesem Küstenflachlande folgt eine Uebergangsstufe, eine Gebirgslandschaft von überraschender Schönheit, namentlich im südlichen Usumbara, die uns der leider zu früh verstorbene junge Forscher Johnston und Missionär Farler schildern. Einzelne Culminationspunkte dieser Vorstufe des Hochlandes, die eine mittlere Seehöhe von 300 bis 500

Meter besitzt, erreichen 1000 Meter und mehr, so z. B. der
Lukindo oder Rukindo-Berg 914 Meter, der Mringo Pik
1057 Meter u. s. w. Eine Reihe parallel zur Küste streichender Berge, stellenweise kettenförmig auftretend, 120 bis
150 Kilometer landeinwärts, bezeichnet den Rand des
centralen Hochlandes, die Gipfelpunkte dieser den Rand des
Hochlandes markirenden Berge erreichen bis 1800 Meter
Höhe. Nördlich des Zigi im nördlichen Usambara und im
Gebiete der Wagalla weicht der Rand des Hochlandes in
nordwestlicher Richtung zurück, und zwar bis zur Hochebene
von Ukambani (Ulu und Jata), welche von den isolirten,
ca. 2500 Metern hohen Ulu-Bergen überragt wird und nur
eine Vorstufe des centralen Hochlandes bildet, an dessen
Rande die beiden Massen des Kilimandscharo und Kenia zu
ihrer ganz Afrika dominirenden Höhe emporgehoben wurden.
Sowohl das Küstenflachland als auch das Uebergangsgebiet
bilden hier eine ausgedehnte ebene Wildniß mit sehr geringen,
wellenförmigen Erhebungen, aus welcher ganz isolirt mächtige Culminationspunkte aufsteigen, und gewinnen, je weiter
wir nach Norden fortschreiten, immer mehr an Breite. Es
beträgt die Breite des Küstenflachlandes zwischen Umba und
Sabaki 80 bis 100 Kilometer, zwischen Sabaki und Juba
160 bis 230 Kilometer, jene der Uebergangsstufe 100 bis
150 Kilometer. Das Küstenflachland zwischen Sabaki und
Juba bildet, wie neuerdings Cl. Denhardt es beschreibt,
eine sehr wenig undulirte Ebene mit geringen Schwellungen
zwischen den meist parallel zu einander dem Indischen Ocean
zueilenden Flüssen, deren Lauf ungemein gewunden ist. Am
Meere wird diese Ebene von Dünenzügen und Lehmhügeln
begrenzt, welche auf Korallengebilden lagern. Die Vorstufe
des Hochlandes, welche 600 bis 700 Meter über dem Meere
liegt, krönen zahlreiche isolirte Berge und einzelne Gruppen,

unter welchen die Bura=Berge 2143 Meter, der Kabiaro=
Berg 1632, der Ndi=Berg 1494 Meter Höhe erreichen.
Zwischen Umba und Sabaki schiebt diese Uebergangsstufe
einzelne Ausläufer bis an die Küste vor, die eine deutlich
unterscheidbare breite Schwelle bilden, welche von einzelnen
Gipfeln überhöht wird, die wie z. B. die Schimba=Berge,
Jambo=Berg, Mangea=Berg, Ndunguni=Berge 300 bis 762
Meter Höhe erreichen.

Den Rand des von der Quelle des Zigi plötzlich nach
Nordwesten zurückweichenden Hochlandes bildet eine Reihe
von Berggruppen, welche wir als Mabenduka=Berge, Msihi=
Berge, Pare=Gebirge, Kisungu=Gebirge und Ugono=Gebirge
kennen und die bis 1800 Meter Höhe gipfeln. Der Pangani,
im Oberlaufe Rufu genannt, durchbricht die Uebergangs=
stufe dieses Hochlandes im südlichen Usambara, eine Reihe von
Stromschnellen und Katarakte bildend. Vom Kilimandscharo
aus streicht der Hochlandsrand wieder streng parallel zur
Küste, um erst wieder nördlich des Juba in den Galla=
Ländern noch weiter landeinwärts zurückzuweichen, wie dies
aus den Erkundigungen Brenner's hervorgeht und wofür
die Seehöhe Berdera's am Juba mehr als 240 Kilometer
landeinwärts mit 126 Meter noch weitere Anhaltspunkte
liefert. Wir werden diesen Wechsel in der Breite der ein=
zelnen Abstufungen des Ostrandes zwischen Rufu und Tana
aus folgenden Daten deutlich entnehmen können: Es liegen
auf der Linie Rufu=Mündung und Fuga im südlichen
Usambara: Pangani 0 Meter, Bondei 241, Magila 594,
Msasa 834, Ngambo 945, Handei (Hügel bei H.) 1219,
Fuga 1370 Meter hoch. Hingegen finden wir zwischen Wanga
und dem Fuße des Kilimandscharo folgende Coten: Wanga
0 Meter, Mbaramu 489, Kisuani 675, Jipesee 719, Moschi
1152 Meter und nördlicher, nach Hildebrandt: Mombas

0 Meter, Rabbai 202, N'bara 701, Voi-Fluß 555, Tsawo-
Thal 464, Malemboa 483, Tiwabett 693, Kitui 1116 Meter.
Aehnliche Verhältnisse dürften auch nördlich des Dana
herrschen, da Denhardt erwähnt, daß Massa zu Beginn
des Mittellaufes des Dana kaum mehr als 200 Meter
Seehöhe besitzt.

Vom Aequator, d. h. von der Juba-Mündung bis
2° nördl. Breite erstrecken sich endlose ebene Flächen, deren
gleichmäßige Bewaldung alle geringen Bodenschwellen ver-
deckt, bis tief in das Innere nur allmählich ansteigend
Erst 200 bis 300 Kilometer landeinwärts treten verschiedene
nach allen Richtungen streichende Höhenzüge von Kalkstein
auf, die je weiter nach Norden und nach dem Innern immer
höher und von dem Juba durchbrochen werden. Die isolirten
Erhebungen des Küstenflachlandes dürften im Hökeba- und
Lölmiß-Berg wohl kaum 300 Meter übersteigen, und selbst
die Hirab-Berge nördlich des 5.° nördl. Breite kaum eine
beträchtliche Höhe erreichen. Positives läßt sich bis heute
nicht darüber sagen, da die ganze Ostküste des Somali-
Landes fast ganz unerforscht ist. Aus der Configuration
der Nordküste und des bekannten Theiles des Somali-
Hochlandes läßt sich nur sagen, daß der Rand desselben
vom Kuna-Gebirge in östlicher Richtung immer näher an die
Küste tritt und demzufolge auch die Breite der Küsten- und
Uebergangsstufe immer mehr abnehmen, bis sie nördlich
des Wadi Dschail auf ein Minimum herabsinken, da hier das
Hochland bis auf ca. 30 Kilometer an die Küste tritt und die den
Rand krönenden Erhebungen (Bor Ali 1524 Meter hoch) von
der Küste aus deutlich hervortreten. Der allgemeine Charakter
der Küstenlandschaft scheint nur dort eine Aenderung zu
erfahren, wo nördlich des Wadi Nogal die Küste Steil-
und Felsküste (Hasine) ist, und im Innern rothes, stein-

loſes Land (Haud) in weißes ſteiniges Land (Nogal) über=
geht. Die Entwicklung des Oſtabfalls im Afar=Lande
werden wir ſpäter, gelegentlich der Darſtellung der verti=
calen Gliederung des abeſſyniſchen Hochlandes erörtern
und wenden uns nunmehr dem Innern zu.

Im Weſten der breiten Erhebungslücke des Nyaſſa=
Sees und Schire=Laufes erhebt ſich Central=Afrika zu einem
ausgedehnten Hochlande, das ſeinen Namen von dem räube=
riſchen Nomadenvolke der Mangone oder Mazitu erhalten
und durchſchnittlich 1500 Meter Höhe beſitzt. Von zahl=
reichen iſolirten Erhebungen gekrönt, dacht es ſich allmählich
gegen Süden ab, ſo daß es ſüdlich der Lintippe=Quelle nur
mehr 1280 Meter Höhe beſitzt. Unter den das allgemeine
Niveau überragenden Bergen erreicht der Debza=Berg
2438 Meter, der Tſchongone=Berg 2133 Meter Höhe.
Zwiſchen 12 und 14° ſübl. Breite iſt der Oſtabfall des
Hochlandes ein relativ allmählicher, auch tritt das Hochland
nicht bis an die Ufer des Nyaſſa=Sees (in 503*) Meter
Seehöhe gelegen), ſondern läßt ein flaches Geſtadeland von
10 bis 30 Kilometer Breite frei. Erſt ſüdlich des Lintippe=
Durchbruches iſt der Oſtrand des Mazitu=Hochlandes ſteil
aufgerichtet und von einer ziemlich geſchloſſenen Bergreihe,
den Umſata= oder Kirkbergen, gekrönt, welche im Tſchirobwe=
Berg mit 1829 Metern Höhe culminiren. Stetig verflachend,
ſchiebt ſich der Ausläufer des Hochlandes als mäßige Boden=
ſchwelle zwiſchen Schire und Zambeſi zungenförmig vor,
zur breiten Thalebene des Schire ſanft, ſteiler zum Zambeſi
abfallend, namentlich unter 34° öſtl. Länge von Greenwich,
wo der Fluß zu beiden Seiten von Steilrändern eingeengt,

---

*) Nach Young 464, nach Stewart 496, nach Thomſon 549 Meter.
Im Mittel daher 503 Meter.

die Lupata-Enge durchströmt. Nördlich des 12.° südl. Breite
senkt sich das Hochland im östlichen Theile um ca. 200 Meter
und tritt zugleich fast hart an den Nyassa-See, dessen Steilufer bis zur Florence-Bai (10° 30′ südl. Breite) reichen.
Nördlich derselben tritt der Hochlandsrand wieder zurück
und giebt am Nordwestende des Sees einer Reihe großer
Strandsümpfe (Great Elephant Marsh) und der vom
Dschumboka durchströmten Ebene Raum. Im Innern steigt
das Niveau stetig bis zur Wasserscheide zwischen dem Atlantischen und Indischen Ocean (Tschambesi und Ruaha) an.
Der Rand des Hochlandes ist auch hier von zahlreichen
isolirten Bergen gekrönt, unter denen der durch seine Form
auffallende Waller-Berg erwähnt sein soll.

Ebenso wie die Umfata-Berge im Osten, bildet eine
Reihe von Bergen, unter welchen die Zalanyama-Berge die
bedeutendsten, den Westrand des Hochlandes, das sich in
mehreren schwach undulirten Abstufungen zum Zambesi und
Loangwa abdacht und am ersteren streckenweise Steilufer
bildet. Der erhöhte, von Bergen gekrönte Rand scheint sich
nach den Andeutungen Livingstone's auch nach Norden
fortzusetzen und das Quellgebiet des Loangwa in der Landschaft Tschibale zu umrahmen und westlich desselben als
südäquatoriale Wasserscheide in den bereits genannten Babisa-
oder Lokinga-Berge sich fortzusetzen. Der Ausdruck Gebirge
ist auch hier kein richtiger, da Livingstone anläßlich der
Ueberschreitung der Wasserscheiden auf seiner letzten Reise
1866—1873 ausdrücklich schreibt: »Ich habe mich überzeugt,
daß die Wasserscheide ein Hochland zwischen 10° und 12°
südl. Breite ist und sich 4000 bis 5000 Fuß über dem
Meeresspiegel erhebt. Berge stehen auf der Hochebene an
verschiedenen Punkten, welche zwar scheinbar nicht sehr hoch
sind, doch eine wirkliche Höhe von 6000 bis 7000 Fuß

erreichen.« Der Südabfall dieser Wasserscheide, westlich des
Loangwa, ist ein allmählicher und durch die jüngste Reise
von Selous scheint uns kein Zweifel zulässig, daß die Breite
des die Wasserscheide bildenden Hochlandes größer ist, als
sie Livingstone angab, da Selous die Höhe des Plateaus
im Quellgebiete des Tschongwe (ca. 70 Kilometer nördlich
des Zambesi) noch zu 1067 Meter fand.

Die beträchtlichste Höhe und relativ reichste Gliederung besitzt das Hochland zwischen dem Nyassa- und
Tanganjika-See, auf einer Strecke, deren Erforschung wir
den Reisen Thomson's und Stewart's verdanken. Von
8° 50' südl. Breite steigt das Land plötzlich von der ersten
Hochlandsstufe in der Landschaft Ubena von 1158 auf 2134
und wenige Kilometer südlicher sogar auf 2438 und mehr
Meter, indem es das allgemeine Niveau einer alten, jetzt
von zahlreichen Wasserläufen (den Zuflüssen des Ruaha)
in enge, sehr tiefe Thäler zerschnittenen Hochebene darstellt
und bis zum Nyassa-See reicht, zu welchem es steil abfällt,
und sich in dem Hochplateau am Ostufer des Sees fortsetzt. Größere Gipfelhöhen giebt es keine und das Konde-
Gebirge als solches besteht nicht (wahrscheinlich dürfte dasselbe auch bei den sogenannten Livingstone-Bergen der
Fall sein).

Nach Westen setzt sich dieses Hochland in einer Höhe,
die nicht unter 1400 Meter herabsinkt, bis an den Hikwa-
See, nach Norden bis zum Ukerewe-See fort und bildet,
die Landschaften Ukinga, Usafa, Ukimbo, Kiwere, Ukho-
nongo, Usukuma und Usinsa umfassend, ein Centralplateau,
von dessen südlicher Hälfte wir den Ostrand in den Ukinga-
Bergen, den Südrand in den Yomalema-Bergen kennen,
während das Innere noch völlig unerforscht ist. Zwischen
dem Nyassa-See und Tanganjika erleidet das Hochland in

der Landschaft Nyika eine Depression bis 1006 Meter, erhebt sich aber wieder nach Westen in der Landschaft Ulungu zu 1830 bis 2134 Meter Höhe und bildet hier die Wasserscheide zwischen den Zuflüssen des Lofu und des Hikwa-Sees. Der Aufstieg vom Nyassa-See aus ist außerordentlich steil und erreicht ca. 60 Kilometer westlich desselben in den Munboya-Bergen seinen Culminationspunkt mit 2494 Metern. Jenseits derselben sinkt das Niveau ebenso rasch zur Nyika-Depression, welcher im Westen das schroff nach Osten, allmählich nach Westen sich abdachende Tschingambo-Gebirge 1768 Meter hoch folgt. Weit gleichförmiger sind die Niveauverhältnisse des Hochlandes im selben Gebiete, etwas südlicher, der Route Stewart's entlang. Die beiden folgenden Profile lassen dies am deutlichsten erkennen. Wir finden auf der Route von Karonga's Stadt nach Pambete am Nordende des Tanganjika folgende Höhencoten: Karonga 503, Karamba 537, Maliwenda 1212, Pofo 1350, Bimba 1307, Zapa 1586, Mipuria 1300, Mambwe 1446, Fambo 1590, Sombe 1504, Pambete 814*) Meter, hingegen auf der Route Thomson's: Mbungu 503, Mwisika 1890, Munboya-Berge 2494, Mtinga 1006, Tschingambo-Berge 1764, Mulutschutschu 1524, Sombe 1504, Tanganjika-See 814 Meter.

Im Westen des centralen, 1800 bis 2400 Meter hohen Plateaus liegt zwischen 7° 40' und 8° 40' südl. Breite der Hikwa oder King Leopold-See in ca. 1200 Meter Seehöhe eingebettet. Zwischen demselben und dem in 814 Meter Seehöhe am Rande des Hochlandes eingebetteten, ein zweites

---

*) Höhe des Tanganjika: Nach Livingstone 799·8, nach Cameron 826, nach Stanley 840, nach Stewart 808, nach Thomson 796·7 Meter; im Mittel daher 814·1 Meter.

großes Faltungsbecken bildenden Tanganjika=See erhebt
sich auf der Basis des 1200 bis 1500 Meter hohen Hoch=
landes eine wirkliche Gebirgsmasse mit steilen Abfällen und
tiefen Schluchtenthälern und von höchst wildromantischem
Charakter in den Lambalasipa=Bergen, welche 1200 Meter
relativer und 2400 bis 2700 Meter absoluter Höhe erreichen.
Nach Süden setzt sich dieses Gebirge allmählich zu einem
breiten und bis 2100 Meter hohen Plateau sich umwan=
delnd fort und bildet in seinen bis an die große centrale
Mulde des Lualaba reichenden Rändern die Wasserscheide
zwischen Tanganjika= und Bangweolo=See. Der Südrand
als Urungu=Berge und Losanswe=Berge gekannt, erreicht im
Kitwette=Berg (Quellgebiet des Lonzua) wahrscheinlich seinen
Culminationspunkt und reicht mit seinen Ausläufern bis
hart an den Luapula. Im Quellgebiete des Tschambesi dacht
sich das Plateau nach Nordwesten zum Bangweolo=See ab,
während es in südlicher Richtung sich einestheils im Mazitu=
Plateau fortsetzt, anderntheils in das Hochplateau übergeht,
das als südäquatoriale Wasserscheide die Lokinga= oder
Babisa=Berge heißt und sich ebenfalls, von einzelnen Höhen=
zügen überhöht (Tschitane=Berg 1637 Meter), zur großen
Sumpfebene am Ostende des Bangweolo=Sees abdacht.

Zwischen dem Westufer des Tanganjika und der
großen Mulde des Lualaba, in welcher der Bangweolo=
See in 1124, der Moero=See in 914 Meter Höhe liegen
und die bis Nyangwe ein Gefälle von 630 Metern besitzt,
hat das Hochland den Charakter eines stark hügeligen
Plateaus von 180 bis 600 Meter relativer, 980 bis 1400
Meter absoluter Höhe und dacht sich allmählich zum Lualaba=
Congo ab, dessen großes Becken am Mittellaufe von den
Rändern dieses Plateaus begrenzt wird. Die Breite dieses
Plateaus, im südlichen Theile 200 bis 220 Kilometer er=

reichend, schrumpft im selben Maße zusammen, als wir
nach Norden vordringen, und beträgt in den Landschaften
Uguha und Ugoma nur mehr 100 bis 120 Kilometer.
Zwischen 8° und 9° südl. Breite fällt das Niveau dieses
Plateaus am Westufer des Tanganjika plötzlich von 1500 auf
700 Meter, erreicht ebenso plötzlich südlich des Lofuku in den
Tschanja=Bergen, welche senkrecht auf das Ufer des Tan=
ganjika streichen, 2130 Meter Höhe und fällt nun abermals
bis 1500 und 900 Meter herab. Nördlich des Lukuga,
dessen Ufer von 200 bis 600 Meter hohen Bergen gekrönt
werden, steigt das allgemeine Niveau des Plateaus wieder
allmählich an, von den zahlreichen, dem Hochplateau auf=
gebauten Hügeln und Bergen erreicht der Sumburuza Pik
am Nordwestende des Tanganjika die Höhe von 2100 Metern.
Unter den den Westabfall krönenden Erhebungen sind
namentlich die Bambarre= und Kasango=Berge zu nennen,
welche bis 1160 Meter Höhe erreichen und die Culminations=
punkte in den Landschaften Bambarre und Manjuema
bilden, in welchen der stark hügelige Charakter des Plateaus
seinen schärfsten Ausdruck erhält.

Von den Konde=Frunga=Bergen (Plateau) im Westen,
dem Westrande des eben geschilderten Plateaus im Osten,
vom Lofinga=Plateau im Süden im engeren, von dem bis
an die Mündung des Lomami im Westen und des Mbura
im Osten sich vorschiebenden Ausläufern des Hochlandes,
im weiteren Sinne eingerahmt, erstreckt sich die große
centrale Mulde in nordnordöstlicher Richtung und erweitert
sich, nachdem der Congo in den Ajama= und Wenya=Fällen
den Rand des Hochlandes durchbrochen, zu dem großen
centralen Becken des Mittellaufes des Congo. Das große
Centralplateau zwischen Ruaha und dem Hikwa=See dacht
sich allmählich nach Norden und Nordwesten ab und behält

selbst zwischen dem Mtambo-Fluß und dem Ostufer des Tanganjika noch 1430 bis 1490 Meter Höhe. Mit Ausnahme der Begleithöhen im südlichen Theile des Tanganjika erreichen diese hier zwischen der Malagarazi-Mündung und der Urimba-Bucht die beträchtlichsten absoluten Höhen, d. h. sie erheben sich 360 bis 540 Meter über den Spiegel des Tanganjika. Nördlich des Malagarazi steigt das Niveau des Plateaus sowohl als auch die Höhe der Randberge allmählich an und erreicht zunächst in den Landschaften Usinja und Usui eine Höhe von 1500 bis 1600 Meter und bildet die Wasserscheide zwischen Congo- und Nil-System.

Gehen wir vom Ostrande des Hochlandes, von Mwapwa und Ugogi gegen den Tanganjika-See vor, so begegnen wir zunächst einer leichten Senkung des Niveaus zu der Marenga Mkhali-Ebene von 1000 auf 870 Meter, jenseits derselben steigt aber das Niveau des Hochlandes stetig an und erreicht im Quellgebiete des Makasumbi die Höhe des Centralplateaus, das hier, auf ca. 20 bis 50 Kilometer Breite zusammenschrumpfend, die dreifache Wasserscheide zwischen Nil, Malagarazi und Rufidschi in 1490 Meter Höhe bildet. Westlich derselben senkt sich das Niveau ebenso allmählich, um erst am linken Ufer des Mtambo sich wieder zur Höhe von 1430 Metern zu erheben.

Mit Ausnahme des stark undulirten hügelbesäeten Ostrandes des Tanganjika-Sees ist das Hochland schwach gewellt, die isolirten Höhenzüge, welche dem Plateau aufgebaut sind, erreichen kaum mehr als 2--300 Meter Höhe. Verfolgen wir die Niveauverhältnisse des Plateaus nach Norden, so finden wir, daß die centrale Plateaustufe in der Landschaft Unjamwesi wieder an Breite gewinnt und in nordwestlicher Richtung gegen die Landschaft Karagwe auch an Höhe zunimmt, während gleichzeitig der Charakter

der Oberfläche immer reicher gegliedert wird und einzelne
der Hügel 1600 bis 1700 Meter hoch über dem Meere culmi=
niren. Nach Osten dacht sich diese centrale Plateaustufe
zum Schimiju, im Westen zum Malagarazi ab, die Wasser=
scheide aber, welche östlich von Tabora in nordwestlicher
Richtung bis Suwarora's Residenz verläuft, biegt hier scharf
nach Westen um und läuft zwischen dem Kivo= und Afen=
yara=See, um nun im Westen des Berglandes Ruanda
nordnordöstlich nach den Blauen Bergen Bakers am West=
ufer des Mwutan zu ziehen. Nach Norden dacht sich diese
centrale und culminirende Plateaustufe allmählich zum
Ukerewe=See ab, der in 1300*) Meter Seehöhe im Hoch=
lande eingebettet liegt.

Auch zwischen 7° südl. Breite und 3° nördl. Breite
steigt das durch die Massen des Kenia ca. 5400 Meter
und Kilimandscharo 5694 Meter am Ostrande gekrönte
Hochland noch weiter gegen das Innere an und bildet eine
höhere Stufe des Hochlandes, auf welcher zahlreiche isolirte
Kegel, von welchen einzelne, wie der Erok la Matumbatu,
der Doinjo Sambu, mit ewigem Schnee bedeckt sind, während
andere, wie der 4462 Meter hohe Meru, der Doinjo Buri
am Südende des Baringo=Sees, der Mburo am Südende
des Naiwascha=Sees, alte Vulkane sind. Auch nördlich des
Kenia krönen mehrere in die Region des ewigen Schnees
ragende Bergkegel die Scheitelstufe des Hochlandes, deren
Ostrand die Nandi=Berge und die mächtige Gruppe des
Doinjo Ngai und Doinjo Sambu krönen. Westlich dieses
Randes dacht sich das Hochland zur Stufe des Ukerewe=

---

* Unter den zahlreichen Höhenbestimmungen des Sees von Spefe
bis auf Emin Bey und Felfin, nach Hann und Zöpprih die bisher
relativ zuverlässigste.

Sees ab, während auf der Scheitelstufe der Baringo-See nordöstlich vom Ukerewe und nordöstlich vom Baringo-See der Samburu-See in einer Höhe liegen, die höchstwahrscheinlich 1300 Meter übersteigt. Ueberhaupt ist das ganze Hochland zwischen 5° südl. Breite und 3 Grad nördl. Breite mit zahlreichen Seen bedeckt, von welchen einzelne Hochlandsseen im vollen Sinne des Wortes sind, so z. B. der Naiwascha-See, der Taka-Abajila, der Tsawo-See, Wuasindjiro-See u. a. m.

Westlich des Ukerewe-Sees steigt das Hochland, übereinstimmend mit der Anschwellung des Niveaus vom Süden her, sehr bald zur Höhe von 1600 Metern und nimmt zwischen dem Ukerewe und dem Muta Nsige den Charakter einer reich gegliederten Berglandschaft an, welche namentlich in Ruanda scharf ausgeprägt ist. Hier erheben sich gewaltige Bergzüge, wie die Kitwara-Berge zu 2500 Meter Höhe, und tiefe Thäler trennen die einzelnen Zweige, welche meist parallel zwischen den Zuflüssen des Akenyara-Sees streichen. In dieser Gebirgslandschaft, deren allgemeines Niveau sich stetig, aber allmählich in der Landschaft Unjoro nach Norden abdacht, bilden die Massen des Mfumbiro ca. 3000 Meter hoch und des Gambaragara ca. 4000 Meter hoch, Knoten- und Culminationspunkte. Letzterer soll nach Stanley's Erkundigungen ein erloschener Vulkankegel sein.

In Unjoro ist die Undulation des allgemeinen Niveaus schon bedeutend geringer, das ganze Land zwischen dem Victoria-, Nil- und dem Mwutan-See nördlich vom Aequator hat mehr den Charakter einer Hügellandschaft, in welcher die einzelnen Erhebungen 200 bis 300 Meter relativer Höhe nicht überschreiten. Im Westen dieses Gebirgslandes liegt in 699 Meter Seehöhe der Mwutan-See eingebettet, zu dessen Spiegel das Hochland 300 bis 400 Meter

hoch steil abfällt. Südwestlich desselben durch einen kaum
30 bis 40 Kilometer breiten Plateauabfall getrennt, liegt
der Muta Nsige in einer wahrscheinlich 800 Meter kaum
überschreitenden Seehöhe eingebettet. Das Westufer beider
Seen wird durch die nördliche Fortsetzung des Hochlandes
gebildet, das wir am Nordwestende des Tanganjika ver-
lassen haben und das in dem 300 bis 400 Meter steil am
Spiegel des Sees aufsteigenden Blauen Bergen Baker's am
Westufer des Mwutan ebenso wie im Süden vom Sumburuza Pik von zahlreichen isolirten Bergkegeln gekrönt wird,
welche wahrscheinlich 2000 Meter (nach Baker's Schätzung
3000 Meter) Höhe erreichen dürften. In mehrfacher Abstufung
dacht sich das Hochland nunmehr nach Westen zum Becken
des mittleren Congo ab. Seine specielle Gliederung ist bis
auf den heutigen Tag noch unerforscht. Jedenfalls bildet die
Erforschung der ganzen Gebirgslandschaft zwischen Tanganjika,
Ukerewe und Mwutan, wie dies bereits im Jahre 1873 Behm
hervorgehoben hat, das dringendste Desideratum aller Geographen; hier verläuft die Hauptwasserscheide des Continents.

Die Abdachung des Hochlandes im Norden des
Ukerewe-Sees ist eine ziemlich bedeutende, der Nil, welcher
in den Ripon-Fällen die Hochlandsschwelle durchbricht,
besitzt bei seinem Austritte aus dem Mwutan nur mehr
699 Meter Seehöhe und die Erhebungslücke seines Laufes
trennt die östliche Hochlandsmasse von den westlichen Rand-
gebieten, welche durch die Ausläufer der Blauen Berge
wahrscheinlich mit der Bodenschwelle der nordäquatorialen
Wasserscheide in Verbindung stehen dürften, die wir früher
bis zu eben diesem Punkte verfolgt haben, der vorläufig
noch völlige terra incognita ist.

In einer Reihe von Stromschnellen zwischen Dufile,
(640 Meter hoch) und Labo (465 Meter hoch) durchbricht

der Nil die Vorstufe des Hochlandes, welcher noch im
Quellgebiete des Bahr Dschuba (Sobat) die Madi=Berge
aufgesetzt sind, die eine vom 2438 Meter hohen Madi
Pik dominirte Berglandschaft bilden. Andere isolirte
Kegel, wie der Lafiti=Berg, Gebel Sala u. a., erreichen
Höhen bis zu 1500 Meter. Nördlich des 5.° nördl. Breite
verflacht sich das Land zum Flachlande am Bahr el Gebel
und Sobat.

Um drei Breitegrade nördlicher reichen die Ausläufer,
respective der Rand des Hochlandes westlich des Weißen Nil.

Die Blauen Berge Baker's, welche das centralafrika=
nische Hochland im Westen des Mwutan=Sees krönen
und in ihren einzelnen Spitzen (Gebel Luri, Gebel Schwein=
furth, Gebel Junker, Gebel Speke u. s. w.) jedenfalls
2000 Meter überschreiten, erfüllen auf ihren Ausläufern,
welche eine hohe Gebirgs= (Junker nennt es eine Alpen=)
Landschaft darstellen, das ganze Quellgebiet des Uelle=Kibali,
und fallen sowohl zum Mwutan=See als auch in der Land=
schaft Koschi zum Nil steil und schroff, allmählich und in
reicher Gliederung zu den zahlreichen Nebenflüssen des Bahr
el Gebel und Bahr el Ghazal nach Norden und nach Westen
ab, so daß die Wasserscheide zwischen Nil und Uelle circa
1320 Meter hoch, Munsa's Residenz westlich des 28.° östl.
von Greenwich noch 826 Meter hoch liegt. Ja, selbst unter
26° östl. Länge und $7\frac{1}{2}$° nördl. Breite liegt Dem Gudja
noch 923 Meter über dem Meere, so daß der Hochlands=
rand sich weit nach Nordwesten vorschiebt. Die hohe Gebirgs=
landschaft im Quellgebiete des Kibali geht allmählich nach
Norden, jenseits der Wasserscheide, in ein reich gegliedertes
Hügelland über und behält diesen Charakter bis zum Mittel=
laufe der zahlreichen rechtsseitigen Nebenflüsse des Bahr el
Gebel und Bahr el Homr (Djemid, Jei, Rohl, Djau,

Toudj, Molmul, Djur). Der nördliche und westliche Theil
der Mudireh Makraka im Westen von Ladó ist Bergland,
der südliche und östliche Theil lang gewelltes Flachland.
Südlich von Makraka ist der nördliche und westliche Theil
des Landes lang gewelltes Flachland, stellenweise bergiges
Hügelland, der östliche Hügel=, theils Berg= und Gebirgs=
land. Der südliche Theil endlich nach Westen hin groß
gewelltes Flachland, auf welches, wie bereits erwähnt, im
Osten hohes Bergland folgt. Hält man diese Angaben
Junker's mit jenen Schweinfurth's über das Wasserscheide=
gebiet zwischen Uelle und Nil zusammen, so zeigt sich, daß
dieses eine kaum merklich undulirte Fläche darstellt, in
welcher nur die Wasserläufe tief eingeschnitten sind, so daß
Schweinfurth erst nach Ueberschreitung des Mbruole (links=
seitiger Nebenfluß des Uelle) die große orographische Be=
deutung des schmalen Streifen Landes zwischen dem Ober=
laufe des Jubbo und Mbruole würdigen konnte.

Zwischen 3° 30' und 5° nördl. Breite treten die Hoch=
landsränder überall an den Nil, nördlich von Ladó
betritt der Fluß die ausgedehnte Sumpfregion, welche sich
bis zur Sobat=Mündung erstreckt. Die Abdachung der Aus=
läufer des Hochlandes im oberen Nil=Gebiete gliedert sich
in zwei und an einzelnen Stellen in mehreren Stufen, deren
Ränder durch dominirende, isolirte Bergkegel markirt sind;
so z. B. wird unter 4° nördl. Breite eine Stufe durch
den Gebel Neri und westlicher durch Gebel Keni und Kero
gekrönt, während eine zweite in der Landschaft Niam=
bara durch die Ausläufer des Rego= und Mire=Gebirges
bezeichnet wird, welche das Quellbecken des Kari (Bahr el
Ghul) einrahmen. Das sogenannte Mire=Gebirge ist aber
nichts weiter als ein gleichmäßiger Bergzug mit einzelnen
hervorragenden Bergspitzen, die Länge des ganzen Zuges

überschreitet kaum 30 Kilometer. Das Rego-Gebirge ist eine Serie zusammenhängender, bis 650 Meter relativ hoher Bergkegel, die zusammen ein 25 Kilometer breites Gebirgsland bilden. Je weiter wir nach Westen vordringen, um so einförmiger und lang gewellter wird das allgemeine Niveau der Abdachung des Hochlandes; auch die im Osten zahlreichen Bergstöcke und isolirten Felskegel werden seltener. Unter diesen verdient der 1219 Meter hohe Gebel Baginse im Quellgebiete des Sueh hervorgehoben zu werden.

Westlich vom 30.° östl. Länge von Greenwich ist der Rand der Abdachung schon um einen Breitegrad nordwärts gerückt und im 26. Meridian finden wir ihn bis 8° 30′ nördlicher Breite reichen. Zwischen Rohl und Djau treten kuppenförmige Berge in zusammenhängenden Reihen auf und überragen das lang gewellte, im Allgemeinen flach hügelige Gebiet um 100 bis 250 Meter. Sehr oft stößt man auf höchst groteske Felspartien mitten im unabseh-baren Buschwalde im Lande der Bongo oder Dohr. Das Ostufer des Rohl erhebt sich allmählich gegen Norden zu einer Reihe niedriger Berge, welche im Gebel Chartum culminiren. Westlich vom Tondj wird das Land immer undulirter; an die Stelle des lang gewellten Flachlandes tritt von hohen isolirten Bergen dominirtes Hügelland auf, das Schweinfurth bis zum 25.° östl. Länge verfolgt hat.

Die Abdachungsverhältnisse des Hochlandes in nörd-licher Richtung, das Anschwellen des Niveau gegen Westen werden uns folgende Profilcoten deutlich zeigen. Wir finden in der Richtung von Abuga's Dorf, im Quellgebiete des Kibali bis zur Militärstation Rumbek: Abuga's Dorf 1330, Wasserscheide zwischen Nil und Congo (Schari??) 1320, Ganda's Dorf 1163, Uohka's Dorf 932, Nime 855, Kaba-jendi 830, Kiburma 730, Manbuggu 644, Moffo 510,

Dufalla 461, Rumbeth 449*) Meter. Von Ladó nach
Westen vorgehend, finden wir: Ladó 465, Niambara 611,
Wandi 764, Kabajendi 830, Balabi's Dorf 881, Belledi's
Dorf 817 Meter.

Die im Vorhergehenden dargelegte Gliederung des
centralafrikanischen Hochlandes in seiner ganzen westöstlichen
Ausdehnung von Küste zu Küste geht am deutlichsten aus
folgenden Profilen hervor, welche wir uns zwischen Elinde
südlich des Ogowe-Deltas und Bagamoyo, südlicher zwischen
Benguela und der Rovuma-Mündung und zwischen beiden
von der Quanza-Mündung nach Quiloa gezogen denken.
Wir finden auf der ersten Profillinie folgende Höhencoten:
Elinde 0 Meter, Gumbi 43, Obindschi 79, Olenda 160,
Otando-Paß 366, Mokaba 126, Mokenga 162, Mongon 758,
Mobana 722, Mnau Kombo 632, Plateau zwischen Lawson-
River und Mpaka 800, Congo-Spiegel ca. 400, Mucunda-See
ca. 450, Njangwe 496, Kwakasongo 576, Rohombo 802,
Bambarre-Berge 1174, Kwasere 881, Pakwanywa 722,
Meketo 878, Tanganjika-Spiegel 814, Niamtago 945,
Mpeta 975, Misingwallah 1478, Utende 1070, Mrima 1125,
Tabora 1391, Jiwe la Singa 1432, Kanjenje 893, Mu-
hotto 1006, Mpwapwa 978, Muinji 512, Reheneko 402,
Simbo 585, Simbaweni 424, Kisemo 162, Bagamoyo
0 Meter.

Zwischen 9° und 10° südl. Breite: Quanza-Mündung
0 Meter, Soba-Catumbo 83, Dondo 37 (70), Loema 381,
Soba N'Dumba 805, Pungo a N'Dongo 1280, Lhombi 1171,
Malange 1091, Sanza 1071, Tala mogongo-Paß 1126,
Cassandsche 990, Quango-Thal unter 10° südl. Breite 859,
Mosamba-Plateau 1216, Kimbundo 1100, Bango ca. 1150,

---

*) Nach Felkin's Messung 483 Meter.

Sakabundschi ca. 860, Lowe 1015, Moero=See 914, Ca=
zembe 1012, Tanganjika=See 814, Sombe 1485, Jambo
1590, Mipuria 1300, Maliwanda 1212, Nyassa=See 503,
Livingstone=Berge ca. 3000, Mesule 406, Merui 280,
Quiloa 0 Meter.

Endlich zwischen 11° und 12° südl. Breite: Katum=
bella 0 Meter, Supa=Paß 1085, Lunga 1789, Kambola
1487, Kukwewi=Thal 1402, Katemo 1777, Kanyumba 1393,
Peho 1390, Katende 1097, Kisenga 1158, Lohemba=See
ca. 850, Konde Jrunga=Plateau ca. 1600, Bangweolo=
See 1124, Tschitembo 1160, Mazitu=Plateau 1500
Nyassa=See 503, Moembe 823, Matambwa 244, Rovuma=
Mündung 0 Meter.

C. Abessinisches Hochland (Hochland der Galla und Somali).

Wenn wir von der Küste des Rothen Meeres aus
dem glühenden Küstenstrich der Samhara von der Mün=
dung des Chor Falkat bis Zeila nach Westen blicken, so
haftet das Auge am Westhorizonte auf einer Riesenmauer,
die ohne Unterbrechung fast senkrecht aus der vorgelagerten
Küstenebene in zwei= und mehrfacher Terrassirung zu ge=
waltigen Höhen aufragt. Es ist der von zahllosen relativ
niedrigen Gipfeln gekrönte, steile Ostrand des abessynischen
Hochlandes, das, einer Riesenburg, einer kolossalen Tafelmasse
gleich, den Nordostpfeiler des centralafrikanischen Hoch=
plateaus bildet.

In den Habab=Landschaften nur ca. 100 Kilometer
breit, schwillt die Breite dieser Hochlandsmasse beständig
an, je weiter wir nach Süden vordringen, unter 11° nördl.
Breite erreicht es schon 300 Kilometer, in den südlichen
Galla=Ländern sogar 350 bis 400 Kilometer westöstlicher

Ausdehnung. Dieses ganze Gebiet ist ein riesiges, in mehrere Stufen gegliedertes Plateau, gekrönt von mächtigen Gebirgen und Massiven, welche bis zu 4620 Meter culminiren. Abgesehen von dem eminenten Plateaucharakter und den fehlenden Firnmeeren und Schneedecken unserer Alpenkönige, dürfte dieses Hochland mit einigem Rechte die Afrikanische Schweiz genannt werden. Das Charakteristischeste dieser Hochlandsmasse sind die Abdachungsverhältnisse derselben in östlicher und westlicher Richtung; im Osten zur Küstenfläche des Rothen Meeres in Stufen fast mauerartig wie die Kränze Süd-Afrikas herabstürzend, erfüllen im Westen seine Abhänge das Gebiet des Oberlaufes der rechtsseitigen Nebenflüsse des Nils und senken sich in ziemlich stetiger Abdachung zum Flachlande Sennaars herab. Der Gegensatz zwischen den Abfallsverhältnissen ist besonders unter 16° nördl. Breite scharf, indem hier am Ostfuße des Hochlandes der Salzsee Alelbad, die Bezugsquelle des Salzes für ganz Abessynien 61 Meter unter dem Spiegel des Rothen Meeres liegend, eine absolute Depression bildet. Eine weitere Eigenthümlichkeit des Plateaus ist die Erscheinung, daß die Culminationspunkte desselben nicht am Ostrande, sondern nahe dem Westrande in der Landschaft Simen und im Centrum der Landschaft Begemeder liegen.

Verfolgen wir nun die Gliederung des Hochlandes von Nord nach Süd, so stoßen wir südlich des Chor Barka auf die nördlichen Ausläufer des Hochlandes, auf ein circa 1800 Meter hohes, stark undulirtes Plateau, die Rora Asgede, welche, in südlicher Richtung stetig an Breite zunehmend, ebenso beständig an Höhe gewinnt und deren Ostrand in zwei Stufen steil und rasch zum Küstenflachlande Samhara abfällt. Schon hier zeigt sich der eigenthümliche Bau der einzelnen Plateauabschnitte, welche säulenförmig

zwischen den .tief (bis 600 und 700 Meter tief) eingeschnittenen Flußbetten als Amben aufsteigen. Je weiter
südlich, desto entwickelter und gegliederter wird der östliche
Steilabfall des Hochplateaus, zwischen den beiden Armen
des Habbas stellt derselbe ein ungemein gegliedertes, wild-
zerklüftetes Gebirgsland vor, durch welches Pässe von großartiger Scenerie auf die Scheitelstufe des Hochlandes führen.
Ein Plateauabsatz, Rora und Roret genannt, reiht sich an
den andern, zahllose Male erklimmt der Reisende die steilen
Hänge und steigt eben so oft in die tief eingeschnittenen
Flußthäler hinab, bevor er in der Landschaft Tigre die
Scheitelstufe des abessynischen Hochlandes erreicht hat. Der
Abfall zum Thale des Chor Barka ist weit mäßiger, wie
dies schon die größere Laufentwicklung seiner rechtsseitigen
Zuflüsse andeutet, im Gegensatze zu den Küstenflüssen des
Rothen Meeres. Von außerordentlichem landschaftlichen
Reize sind diese Plateaulandschaften im Hochthale des Anseba,
im Lande der Bogos und der Hauptmasse des Plateaus
im Gebiete der Mensa. Die Gipfel, welche allenthalben die
Hochfläche krönen, erreichen im Hagar-Plateau ca. 2400
Meter, im Debre Sina 1950 Meter Höhe. Vom 16.° nördl.
Breite behält der Ostrand des Hochplateaus nahezu gleiche
Höhe, die Undulationen sind verhältnißmäßig gering und
auch die das Plateau krönenden Berggipfel sind hier von
mäßiger relativer Höhe. So finden wir Kasen im Quellgebiete des Anseba 2552,. Asmara 2664 (im Westen liegt
die Wasserscheide zwischen Chor Barka und Mareb [Nil]),
Zalot 2405, Asalba 2286, Dixa 2262 und Halay 2621
Meter hoch.

Die Höhencoten im Aufstieg zu dem Hochlande im
Chor Barka und im Anseba-Thale verglichen mit jenem
vom Arkeko-Golf werden den scharfen Gegensatz der Böschungs-

verhältnisse des Ostrandes und der nördlichen Abdachung am deutlichsten hervortreten lassen. Wir finden von Suakin ausgehend: Suakin 0 Meter, Karkabat 350, Belagenda 508, Oberes Barka=Thal 845, Keren 1452, Az Maman 1734, Tsazega 2284 Meter; die Strecke, auf welcher sich diese Niveaudifferenz von 2284 Metern vertheilt, beträgt aber von Suakin bis auf das Hochplateau in der Landschaft Hamasen ca. 480 Kilometer. Hingegen vollzieht sich der Aufstieg vom Arkeko=Golf auf das Hochplateau nach folgenden Coten: M'Kullu 20 Meter, Bat 105, Baresa=Lager 561, Lager am Demas 981, Mündung des Kokotare in den Ali Gede 1295, Hochebene Ala 1817, Asalba 2286 Meter, und dies auf einer Strecke von ca. 70 Kilometern. Nicht minder grell ist der Gegensatz dieser Böschungsverhältnisse des Ostabfalles zu jenen der Westabdachung. Hier finden wir von Kassala ausgehend bis Gundet, also auf einer Strecke von über 300 Kilometern: Kassala 515,[*] Algeden 881, Samero 1160, Mai Daro 1033, Godgodo=Thal 1214, Quellthal des Berei (linksseitiger Nebenfluß des Mareb) 1400, Tsade Mudri 1949, Mareb=Thalebene an der Mündung des Wobbach 1364, Mai Mene (Plateau von Kohein) 1835, Gundet 1733 Meter.

Schon unter 16° nördl. Breite ist der Ostabfall der Rora Asgede von ungewöhnlicher Steilheit, wie dies aus folgenden Höhencoten ersichtlich ist: Massaua 0 Meter, Ailet 204, Kasen 2552 Meter, wobei zu bemerken ist, daß die Entfernung zwischen Ailet und dem Hochplateau der Rora Asgede ca. 25 Kilometer beträgt.

Aeußerst lehrreich ist die Gliederung des Ostabfalles zwischen dem 15.° und 14.° nördl. Breite. Hier reichen die zungenförmigen Ausläufer des Hochlandes als schmale

---

[*] Nach Dr. Junker's Messung.

Gebirgskämme von 2400 und mehr Metern Höhe bis zum
Mittellaufe des Habbas vor, zu dessen Thalsohle sie fast
senkrecht abfallen und in ihren Gipfeln das allgemeine
Niveau des Hochlandes, dessen Steilrand in einem concaven
Bogen sich nach Osten wendet, sogar um 400 bis 500 Meter
überragen (Sahk Ara=Berg 2926 Meter, Bizen=Berge 2600
bis 2700 Meter). Vom Schillifit und Habbas umrahmt,
erhebt sich hier auch fast unmittelbar am Meere auf=
steigend das isolirte Gadam=Gebirge mit Gipfeln zu
904 Metern.

Wenn wir bei Tsazega die Scheitelstufe des Hochlandes
erreicht haben und nun die einzelnen Abschnitte der ganzen
Hochlandsmasse verfolgen, so finden wir zunächst das Plateau
von Hamasen, welches, nach Westen sich ausbreitend und
allmählich zwischen Mareb und Chor Barka sich abdachend,
zunächst von den Quellthälern des Mareb, der es im Süden
im großen Bogen umspannt, durchschnitten, nächst dem
Ostrande in das Plateau von Senafe übergeht. Ihm folgen
im Süden die Plateauabschnitte von Agame und Enderta,
welche an ihrem Westrande, von hohen Gipfeln gekrönt, sich
ziemlich steil zum Thale des Takassie (Bahr Setit), in der
Landschaft Tigre und Schire hingegen allmählich zwischen
dem Mareb und Takassie abdachen. Es folgen nun die
Plateaus von Alabschi und Lasta, letzteres im Westen und Süden
von einer hohen Gebirgskette halbkreisförmig umschlossen,
aus welcher der Abuna Josef=Berg zu 4197, der Bela
Berg zu 3805 Meter Höhe emporragen und steil zum
Hochthale des Takassie abfällt. Jenseits derselben er=
klimmen wir die Hochplateaus von Wadela und Dalanta
und steigen nunmehr in das tief eingeschnittene Thal des
Beschilo hinab, dessen Südhang die Amben von Magdala
bilden, während im Westen die zu 4267 Meter culminirende

Gebirgskette Kollo das Plateau der Wollo Galla krönt, dessen südliche Abstufung den Namen Tuloma-Plateau trägt. Das tief eingeschnittene Thal des mit dem Beschilo vereinigten Abai mit seinen bis 1200 Meter hohen steilen Wänden trennt die Plateaumasse von Schoa von jener von Godscham, die vom Talba Waha-Gebirge gekrönt wird, welches im Tala-Berge 4100 Meter Höhe erreicht, und dessen Kamm, sich in der Landschaft Enassie plateauartig erweiternd, die Scheitelstufe des Südrandes von Habesch bildet, welcher steil nach Süden zum Abai abfällt.

Zwischen Abai, Beschilo und Takassie wird das Plateau von Begemeder von einem reich gegliederten Gebirgsstocke gekrönt, der im Ras Guna 4231 Meter Höhe erreicht und dessen Westabfall in Uebereinstimmung mit der Abbachung des Plateaus, dem er aufgesetzt ist, nahezu die doppelte Entwicklung der Ostabbachung zum Hochthale des Takassie besitzt. Zwischen dem Hochplateau von Begemeder und dem Westrande des abessynischen Hochlandes, welcher in der Landschaft Dembea durch die Walli Dabba-Berge gekrönt wird, liegt in einer Höhe von 1859 Metern der Tsana-See eingebettet, dem der Abai entströmt. Südwestlich des Sees reicht das Quellbecken des Abai (Bahr el Asrak) bis an den Südrand des abessynischen Hochlandes, der hier, zur Ebene von Aschsa sich erweiternd, von Gipfeln bis zu 3050 Meter Höhe (Giesch-Berg) gekrönt wird, während sich nach Norden die Amadamid- und Lijambera-Berge (Kojo Berg 3618 Meter hoch) fächerartig ausbreiten, deren Ausläufer der Abai in zwei Katarakten durchbricht.

In zwei- und dreifacher Abstufung fällt der Westrand, in der untersten Stufe sich allmählich verflachend, zum Flachlande in Dar Sennaar ab, reich gegliedert ist er zwischen dem Gandoa- und Goang-Flusse, wo zwei lang

gestreckte Bergzüge die Tankal= und Matschala=Berge bis
zur Confluenz beider Flüsse sich erstrecken. Hier breitet sich
auch auf der Mittelstufe des Abfalles vom Goang bis zum
Mareb jene verrufene Kuolla=Region aus, in welcher tropische
Vegetation und Fauna in üppigster Fülle sich entwickeln, ebenso
wie in der gleichen Region im Süden von Godscham, dort
wo der Abai die Mittelstufe des Plateauabfalles durchströmt.

Nördlich von Begemeder erheben sich die Hochplateaus
von Balasa und Woggara, deren nördlicher Abfall von
dem höchsten Gebirgsstocke in Habesch in der Landschaft
Simen gekrönt wird. Hier errreichen die Gipfel Ras Da=
schan 4620, Ankua 4620, Layata 4532, Buahit 4510,
Barotschwaha 4504 und Abu Jared 4483 Meter Höhe.
Die Ausläufer dieses culminirenden Gebirgsstockes fallen
steil und wandartig mehr als 1200 Meter tief zur Thal=
sohle des Takassie herab. Nördlich des Takassie erklimmen
wir wieder auf Kletterpfaden das Hochland, dessen Scheitel=
stufe wir bei Adua erreichen. Auf dieser ca. 50 Kilometer
betragenden Strecke steigen wir vom Takassie=Bett in
936 Metern Seehöhe bis auf 1969 Meter, d. h. auf je einen
Kilometer ca. 21 Meter.

Der allgemeine Charakter dieser Hochfläche, welche
insgesammt einen Flächenraum von ca. 220.000 Quadrat=
Kilometern bedeckt, ist keineswegs der ebener Flächen, im
Gegentheile ist die Oberfläche des Hochlandes ungemein
undulirt und von zahllosen Hügeln und Bergen besäet,
welche besonders im südlichen Theile in der Landschaft Am=
hara die Gestalt tafelförmiger Platten mit äußerst steilen,
meist nur mit Leitern ersteigbaren Abfällen haben und Amba
genannt werden. Die ganze Configuration des Hochlandes,
die kaum ihresgleichen auf der Erde habende Steilheit
des Ostabfalles machen es auch erklärlich, daß relativ wenige

Päſſe von der Küſtenebene Samhara und aus dem Afar=
gebiete auf die Hochebene führen. Von Nord nach Süd
vorgehend, überſchreitet man den faſt meridianal (nur unter
12° ſübl. Breite weicht derſelbe etwas nach Weſten zurück)
verlaufenden Oſtrand in folgenden Päſſen: Manahabay=Paß,
Sulah=Paß (2676 Meter hoch), Kumaylo= und Euro=Paß,
Gondeguta=Paß, Sanafe=Paß, Aſſot=Paß (2746 Meter
hoch), Deſſa=Paß, Sanka=Paß, Golbo=Paß, Koſſaro=Paß
u. ſ. w., von welchen jedoch nur einzelne mit beladenen
Maulthieren paſſirbar ſind. Von den über die von Rand=
gebirgen umrahmten Plateaus führenden Päſſen iſt beſonders
der Wandutſch und Emano Ambo=Paß (3325 Meter hoch)
zu erwähnen, welcher aus dem Hochthale des Takaſſie auf
das Plateau von Laſta führt.

Wenn wir den Abfall des Oſtrandes, deſſen Kamm
auf ſeiner ganzen Linie von Kaſen bis zum Quellthal des
Hawaſch nahezu conſtant 2400 bis 3000 Meter Höhe beſitzt,
eingehender verfolgen, ſo werden wir finden, daß er zumeiſt
in zwei Stufen gegliedert iſt, von welchen die erſte bei einer
Breite von 5 bis 25 Kilometer eine mittlere Seehöhe von
1800 bis 2000 Meter beſitzt und meiſt weniger ſteil als
die obere abfällt, namentlich iſt dies ſüdlich des Gualima=
Fluſſes der Fall. So z. B. liegt Ankober, der Hauptort
Schoa's, nicht auf der Scheitelſtufe innerhalb des Oſtrandes,
ſondern auf der äußeren Randſtufe des Hochlandes in
2500 Metern Höhe. Eine intereſſante Erſcheinung iſt ferner
das Vorkommen von Hochſeen (vielleicht die waſſergefüllten
Krater erloſchener Vulkane) unmittelbar am Weſtabfalle des
überhöhten Oſtrandes, ſo z. B. der Aſchangi=See in 2214
Metern und der Haik=See in 1950 Metern Seehöhe.

Der Unterſchied in der Abſtufung zeigt ſich deutlich
im Aufſtieg durch den Aſſot=Paß von Hanfila und von

Tabschurra durch den Sanka-Paß. Auf der ersteren Linie liegt: Hanfila 0 Meter, Dibik-Hügel 183, Alelbab-See —61, Endelot 1015, Fischo 1500, Assot (Ostrand des Hochlandes) 2746, Atebibera 2627 Meter. Hingegen auf der süblichen Linie: Tabschurra 0 Meter, Aussa ca. 50, Waldia 2180, Sanka 2047, Hochebene 2274 Meter.

Ebenso wie der Ostrand in seiner Kammhöhe nahezu constante Höhenverhältnisse zeigt (unter den den Kamm krönenden Gipfeln erreichen der Gundegunba 3326, Sowahra 3019, Bewa 3100 Meter), hat auch das Hochland in der Nähe des Ostrandes ein ziemlich constantes, gegen Süden ansteigendes Niveau, wie dies aus folgenden Höhencoten hervorgeht: Tsazega 2284, Ain Mareb 2056, Abi Baro 1985, Godefelassie 1979, Mai Scheka 2066, Daro Techli 2014, Senafe 2316, Abbigerat 2527, Atebibera 2627, Antalo 2469, Debra Musa 2560, Tilbi 2195, Dalanta Baba 2804, Magdala 2777 Meter.

Wie tief ferner die Flußbetten des Takassie und der Zuflüsse des Abai in die Hochlandsfläche eingeschnitten sind, geht aus folgenden, auf der Route der englischen Armee im Feldzuge des Jahres 1868 notirten Höhencoten hervor:

Tschelikut 1914, Dschibba-Thal 1768, Beschilo-Thal 1615 Meter.

In Schoa weicht der Ostrand des Hochlandes allmählich nach Westen bis zur Quelle des Hawasch zurück und wendet sich nun bogenförmig nach Nordwesten, mit seinen sich allmählich abdachenden Ausläufern bis zur Mündung des Dibessa in den Abai reichend. Die Breite der Scheitelstufe innerhalb des Kammes nimmt hier in Schoa ab und das Niveau der Hochebene senkt sich, den linken Zuflüssen des Abai entsprechend, nach Westen und Norden, zur Kuolla-Region am Abai steil abstürzend.

Zahlreiche Gipfel krönen auch hier den Ostrand, respective Südrand des eigentlichen abessynischen Hochlandes, wie z. B. der Hambo-Berg 3456, Amara-Berg 3128, Goro-Berg 3276 Meter hoch. Südlich von Schoa setzt sich die Hochlandsmasse noch in den Landschaften Enarea und Kaffa fort und dürfte wahrscheinlich in einer mittleren Höhe von 2000 bis 3000 Meter bis an den Juba reichen, südlich desselben aber sich allmählich zur niedrigeren Hochlandsstufe des Samburn-Sees abdachen. Bis zum Juba verläuft der Ostrand dieser südlichen Hochlandsstufe nahezu übereinstimmend meridianal wie der nördliche Theil in Abessynien. Die spezielle Gliederung des Hochlandes in den Galla-Ländern ist nach den Erkundigungen einiger Reisender, wie Rebmann, Krapf, D'Abbadie, Rochet b'Hericourt u. A., nur in den allgemeinsten Zügen bekannt.

Nach Westen dacht sich auch diese Hochlandsmasse weit sanfter als der Ostrand ab und reichen die westlichen und nordwestlichen Ausläufer des Plateaus, das ebenso wie das abessynische von mächtigen Gebirgsstöcken und Gipfelhöhen gekrönt wird, bis an den Bahr Dschuba und zum Quellgebiete des Tumat, in der Landschaft Dar Bertat, wo die Gipfelhöhen noch immer 1300 bis 1500 Meter Höhe erreichen (Gebel Fassuder 1559, Gebel Bibi 1397 Meter). Unter den Culminationspunkten der Hochebene der Galla erreichen der Mata Gera in Enarea 2562, der Hotta in Kaffa 3686 und der Woscho in den Waratta-Ländern am Oberlaufe des Juba (Oma, Gibe) 5060 Meter Höhe. Ebenso wie im Norden liegen diese Culminationspunkte nicht am Ostrande, sondern im Innern, auf der Scheitelstufe nächst dem Ostrande finden wir auch hier Hochseen eingebettet (Zuai-, Abbala-See).

Nach Osten setzt sich als eine niedrigere Stufe des Galla-Hochlandes das Somali-Hochland fort. Sein Nord-

rand bildet im Gurage=Gebirge (2600 Meter hoch) die
südliche Umrandung des Hawasch=Thales, wendet sich
in nordöstlicher Richtung bis über den 10.° nördl. Breite
und streicht nun in einer Entfernung von 20 bis 60 Kilo=
meter von der Küste bis C. Guardafui. Vom Nordrande, der
verschiedene Localnamen, wie Almis=Gebirge, Assa=Gebirge,
Wuhar=Gebirge, Singeli=Gebirge, Gebirge Handar u. s. w.
führt und in Stufen steil zur Küste abfällt, dacht sich das
Hochland nach dem Innern ab. Im Gan Libah (Assa=
Gebirge) culminirt der Nordrand, der auf der ganzen Aus=
dehnung die Wasserscheide bildet, mit ca. 2895 Metern, nach
Osten nehmen auch diese Gipfelpunkte immer mehr an Höhe
ab (Geb. Handar 1524, Geb. Karoma 1219 Meter hoch).
Der Charakter des Hochlandes im Süden des wasserschei=
denden Nordrandes ist der einer unabsehbaren Ebene, aus
welcher zunächst dem Nordrande einzelne Bergzüge und
im Süden unter 8° nördl. Breite der ca. 1500 Meter
hohe Vulkan Bor Dap aufragen. Dieser einförmige Ebene=
Charakter erfährt erst unter ca. 5° nördl. Breite am Süd=
rande der Hochlandsstufe einige Veränderungen, indem hier
Hügel und Berge den Rand krönen.

D. Das Küstengebirge am Rothen Meere (Gebirge der Arabischen und Nubischen Wüste).

Es erübrigt uns noch, um das orographische Bild
Afrikas zu vollenden, die Gliederung des Landes im Norden
des abessynischen Hochlandes und seiner Ausläufer zwischen
dem Nil und der Küste des Rothen Meeres näher zu be=
trachten.

Vom Chor Barka bis zum Hügel von Mokattam, der
die Citadelle Kairos trägt und Gebel Attakah im Westen

von Suez, dehnt sich ein wild zerklüftetes, von zahlreichen Wadis durchfurchtes Gebirgsland aus, dessen Culminations= linie fast durchwegs in einem Abstande von 30 bis 40 Kilo= meter von der Küste des Rothen Meeres zu dieser parallel verläuft, so daß der Ostabfall des Gebirgslandes sehr steil gegliedert ist und nur streckenweise einem schmalen flachen Küstensaume Raum läßt. Nach Westen senkt sich das Niveau der Hochebene, welcher dieses Gebirgsland aufgesetzt ist, all= mählich zum Nil, zu welchem dieselbe in steilen felsigen Rändern, den Flußufern, abstürzt. Auf ägyptischem Gebiete führt diese Hochebene den Namen der arabischen Wüsten= platten. Unter den einzelnen größeren Berggruppen und Bergstöcken, welche am Ostrande der Hochebene culminiren (Gebel Irwa, Soturba, Elba, Kawewad, Gerfe, Dochan, Kharib 1981 Meter), erreicht der Gebel Soturba in seinem Hauptgipfel 2103 Meter Höhe. Zwischen 23° und 24° nördl. Breite weicht der culminirende Rand des ganzen Gebirgszuges um ca. 100 Kilometer landeinwärts zurück und bildet ein äußerst zerklüftetes Gebirge, welches vom Gebel Kawewad und Gerfe dominirt wird. Im Westen desselben ist die Hochebene von zahlreichen Bergzügen durchzogen, welche meist parallel zu einander von Westsüdwest nach Ostnordost streichen, so z. B. Gebel Reft, Gebel Abrauebb, Gebel Schikr u. s. w. Zahllose Querthäler durchfurchen das stellenweise chaotische Bergland und vermitteln die Ver= bindung zwischen dem Nil=Thale und den Häfen des Rothen Meeres, so z. B. Wadi Lechuma zwischen Assuan und Berenice (Golf von Omm el Ketef), Wadi Hamamat und Wadi Oasch zwischen Keneh und Koseir.

Folgende zwei Profile werden uns die Abdachungs= verhältnisse klar machen: Auf der Karawanenstraße zwi= schen Suakin und Berber finden wir folgende. Höhen=

coten:*) Suakin 0 Meter, Wabi Aben 202, Wabi To Blal 760, Wabi O Drus 920, Bir Tamat 1017, Bir Kokreb 674, Bir Rauai 544, Bir O Bak 449, Wabi Kolo 318, Berber 355 Meter. Im Norden sind die Verhältnisse nahezu gleich; auf der Route Schweinfurth's und Güßfeldt's zwischen Beni Suef und dem Kloster Der Mar Bolos (St. Paul) finden wir in umgekehrter Richtung, d. h. vom Nil-Thale zum Rothen Meere: Beni Suef 13 Meter, Lager im Wabi Sanur 295, Wabi Näbr 293, Der Mar Antonius 410 (Gebel Gallalla 1250), Der Mar Bolos 393, Küste des Rothen Meeres 0 Meter.

Wir schließen nun diesen Versuch, die verticale Gliederung Afrikas auf Grund der neuesten und verläßlichsten Resultate der zahlreichen Forschungsreisen darzustellen. Daß Afrika im Ganzen und Großen ein ungeheures, mehrfach abgestuftes, gegliedertes Hochplateau mit erhöhten Rändern und einzelnen demselben aufgebauten Erhebungssystemen, daß es der Continent mit wahrhaft typischer Plateaubildung ist, dürfte aus Allem genügend klar hervorgegangen sein.

*   *   *

Ueberblicken wir nunmehr den geognostischen Charakter der ganzen zweiten Stufe des afrikanischen Plateaus. Conform den einfachen Contourlinien ist auch der geognostische Charakter und geologische Bau ein in großen Zügen einfacher. Soweit bisher Aufschlüsse vorliegen und die Berichte der Reisenden Anhaltspunkte liefern, treten Granite und krystallinisches Schiefergebirge mit Ausnahme größerer Strecken an der Südspitze als zusammenhängende Unterlage einer Schichtenfolge petrefaktenführender Sedimentbildungen auf. Ihre Lagerungsverhältnisse, concentrisch und zur

---

*) Auf der Route Marno's 1874.

Küste parallel verlaufend, bedingen eben jene markante Terrassenbildung, welche wir am Süd=, West= und Ostrande des central= und südafrikanischen Hochplateaus kennen gelernt haben. Die Uebereinstimmung der orographischen Gliederung des terrassenförmigen Aufbaues des inneren Hochlandes mit dem geognostischen Charakter ist namentlich am Ostrande zwischen der Delagoa=Bai und der Dana=Mündung sehr deutlich und dürfte sich wahrscheinlich auch noch weiter nördlich erstrecken.

Trotz der Einfachheit der Grundlinien wäre es aber bei dem gegenwärtigen Stande der geologischen Aufschlüsse, welche wir über das ausgedehnte Gebiet besitzen, gewagt, voreilig Schlüsse ziehen zu wollen, da wir nur über verschwindend kleine Partien des Innern und der Küste genaue und fachgemäße geologische Aufnahmen besitzen. Erst in jüngster Zeit verdanken wir der Forschungsreise J. Thomson's werthvolle Daten über den geognostischen Charakter des südäquatorialen Theiles des ostafrikanischen Hochlandes. Murchison's Annahme eines großen centralen Bassins, das sich vom Ngami= bis zum Tsad=See erstreckt hätte, wird namentlich durch das gegenwärtig auf größere Ausdehnung hin constatirte westöstliche Streichen der krystallinischen Schiefer zwischen dem Zambesi und Tanganjika=See modificirt.

Verfolgen wir nun, vom Cap beginnend, den geognostischen Charakter des Hochlandes. Der geognostische Charakter des ganzen südwestlichen Theiles der Capcolonie von der St. Helena=Bai bis zur Mündung des Gamtoos=River spiegelt sich, wie Hochstetter anführt,*) in der Cap=Halbinsel wieder. Granit, Thonschiefer und Sandstein (Quarzit) sind

---

*) Reise der Novara. Geologischer Theil. II. Bd., p. 19 u. ff. — Bain. On the Geology of Southern Africa.

die herrschenden Gesteine. Der Thonschiefer bildet das Grundgebirge, er ist von Granit durchbrochen und in der Contactzone theilweise zu einem krystallinischen, gneiß=ähnlichen Gesteine umgewandelt. Die Sandstein= und Quarzitformation ruht entweder auf granitischer Basis oder in discordanter Lagerung auf dem Thonschiefer=Grund=gebirge. Wo der Granit zwischen der Cap=Halbinsel und der ersten hohen Sandsteinkette (Drakensteene=Berge) zu Tage tritt, bildet er gewöhnlich abgerundete Kuppen und Hügel. Am Fuße des Tafelberges, am Küstensaum, ist die grani=tische Unterlage von Dioritgängen durchsetzt. Der Thon=schiefer, bald halbkrystallinisch und petrefaktenleer, bald von vollkommen sedimentärem Charakter, erreicht nirgends bedeu=tende Höhen, sondern bildet vielmehr das flache, wellige Hügelland am Fuße der großen Sandsteingebirge und tritt zwischen den Sandsteinketten überall in den Niederungen der Hauptthäler wieder zu Tage. Stellenweise wechsellagert der Thonschiefer mit Bänken von petrefaktenführendem, grau=wackeartigem Sandstein.

Die großartige Entwicklung petrefaktenleerer Sand=steine und Quarzite, welche zwischen der Küste und der eigentlichen Hochfläche fast durchgängig die zwei= und drei=fachen Randketten der Terrassen bilden, giebt dem ganzen Cap=Districte und der Colonie überhaupt sein eigenthüm=liches Gepräge. Hochstetter benennt den Sandstein dieser Gebirge, da er im Tafelberg in besonders schöner Entwick=lung auftritt, Tafelberg=Sandstein. Er lagert ungleichförmig über dem Thonschiefer=Grundgebirge, theils horizontal über steil aufgerichteten, vielfach gefalteten Thonschiefern, theils in gestörten Lagerungsverhältnissen. Die aufgerichteten Bänke bilden zackige Berggipfel, die horizontal gelagerten Bänke aber Tafelberge. Die Sandsteinmassen sind vielfach von langen

Bruchlinien durchzogen, welche zu breiten Längsthälern aus=
gewaschen sind, in welchen die Unterlage, der Thonschiefer,
zu Tage tritt, und diese Längenthäler sind durch Quer=
spalten (Kloofs) mit einander verbunden. Von jüngeren
Bildungen hebt Hochstetter Thoneisenstein= und Brauneisen=
stein=Bildungen hervor. Alle niedrig gelegenen Theile des
Cap=Districts, hauptsächlich die Abhänge der Gebirge auf
der Grenze des Sandsteines und Thonschiefers sieht man
von einer Decke von jungen eisenschüssigen Bildungen über=
zogen, die sich den Unebenheiten der Oberfläche anschließen
und bisweilen 3 bis 4 Meter Mächtigkeit besitzen. Theils
ist es eisenschüssiger, gelber Lehm mit Bohnerzknollen, theils
andere Conglomerate, theils auch reiner Brauneisenstein.
Diese Eisensteinbildungen haben eine sehr allgemeine Ver=
breitung im ganzen Küstengebiete von Süd=Afrika und sind
nichts anderes als eine Laterit=Bildung aus dem Detritus
der Tafelberg=Sandsteinformation und des Thonschiefers.
— Wir können die Laterit=Bildung bis weit über die Walfisch=
Bai hinaus verfolgen, wo sie von den Missionären der
rheinischen Missionsgesellschaft im Herero=Lande beobachtet
wurde.

Auf diese Sandsteinformation folgen, wie Bain es
nachgewiesen, gegen das Innere die Karroo=Bildungen in
concordanter Lagerung, so daß der Tafelberg=Sandstein
den Rand des ausgedehnten Karroo=Beckens bildet. Nach
Bain war die große Karroo einst ein großes Binnenwasser=
Becken, deren Bildungen sind daher vorherrschend Süßwasser=
Ablagerungen, durchbrochen von Porphyren und Melaphyren
(Trapp). Die große Karroo ist eine ausgedehnte Fundstätte
von Süßwasser=Conchylien, von eigenthümlichen Pflanzen=
resten, von verkieselten Hölzern und besonders von den
höchst merkwürdigen Dicynodon=Resten. In den Draken=

Bergen erreicht die Karroo-Formation (Thonstein, Porphyr, blauer Schieferthon und Sandstein wechsellagernd mit Schieferthon) die Höhe von 3000 Metern, breitet sich über ein Gebiet von mehr als 1,800.000 Quadrat-Kilometern aus und reicht vom Oranje-Strom bis zur Depression des Ngami-Sees.

In Natal und im Zulu-Lande bilden Granit und Gneiß die Unterlage, auf der sich, wie es scheint, stellenweise ohne Vermittlung krystallinischer Schiefer, die silurischen Sandsteine ablagern, die jene zahlreichen Plateaus bilden, welche zumeist den Landschaftscharakter bestimmen. Auf diesen ruht ein stark veränderter Thonschiefer, der härtere Partien als Quarzitgeschiebe, sowie Granit und Gneißfragmente und Geschiebe eines Grünsteines enthält, der durch die domartigen Erhebungsformen sofort auffällt. Zu großartiger Entwicklung gelangt die Grünstein-Formation in der Kamm- und Gipfelregion der Draken-Berge, wo sie den Sandstein durchbrochen hat.

Südost-Afrika zwischen Vaal- und Zambesi und zwischen 26° und 29° östl. Länge von Greenwich ist nach A. Hübner[*]) in geognostischer Hinsicht arm zu nennen. Die geologische Structur ist folgende: Um einen granitischen Kern, dessen Umgrenzungslinie keine einfache Ellipse, sondern eine vielfach gegliederte Kurve zu bilden scheint, liegt ein Mantel metamorphischer Gesteine, welche beide mannigfach von Grünstein durchbrochen werden, ältere Sedimente lagern im Süden unter 20° südl. Breite auf.

Im Allgemeinen zeigt der Granit die normale Zusammensetzung, fleischrothen Orthoklas, farblosen Quarz und

---

[*]) Geognostische Skizzen aus Südost-Afrika. Pet. Mitthl. 1872. Seite 422.

schwarzen Glimmer, nur am Limpopo bildet er mit dem ziegelrothen Felsit eine seltene Varietät; die metamorphischen Gesteine bilden eine mannigfaltige Reihe: Gneiß, Granitit, Hornblendefels, Eisenglimmerschiefer, Thonschiefer, Chlorit- schiefer und körniger Kalkstein. Das Gebiet des Gneißes ist auf- fallenderweise ein beschränktes. Zahlreiche Gneißfragmente, die im Granit der Granitberge bei Schoschong und am Mahalapsy vorkommen, scheinen darauf hinzudeuten, daß der Gneiß zum Theile durch Zertrümmerung zerstreut wurde. Uebergänge von Gneiß in Granit sind an mehreren Stellen zu beob- achten. Auffallend ist die Erscheinung, daß der so häufig den Vermittler zwischen Granit und Thonschiefer spielende Glimmerschiefer fehlt; der Quarzit, welcher mehrfach durch seine langen, gratigen Bergrücken den landschaftlichen Cha- rakter bestimmt, ist unverkennbar aus Sandstein entstanden. Die Sandsteine (Tafelberg-Sandstein, dessen Verbreitung in Süd-Afrika eine kolossale ist) scheinen überall auf Quarzit zu lagern und nur am Limpopo liegen sie direct auf Granit. Eisenglimmerschiefer tritt am Tati als den Chloritschiefer überlagernde Formation auf und erscheint auch in der Nähe goldführender Schichten. Die Chloritschiefer zeigen nirgends Uebergänge in die Bildungen, zwischen denen sie eingeschlossen sind, sondern stehen überall unverbunden da. Der körnig- krystallinische Sandstein, welcher in der Regel untergeordnete Einlagerungen in metamorphischen Gesteinen bildet, tritt auch im Transvaal zwischen denselben auf. Dort, wo er ansteht, haben die atmosphärischen Einflüsse die Oberfläche fast regelmäßig flach wellenförmig gestaltet.

Ein großes Territorium nehmen die Grünsteine ein, welche bei Schoschong und Rustenberg ganze Bergzüge aus- machen. Sie scheinen den Eruptivgesteinen zu entsprechen, die Livingstone in Central-Afrika antraf, und die er als Trapp

bezeichnet. Ein eigenthümliches Gestein zeichnet die Pilands=
Berge aus, und zwar ein syenitähnliches, aus rothem
Felsit und schwarzer Hornblende zusammengesetzt. Besonders
interessant wird dieses Gestein durch die zahlreichen Ein=
schlüsse von Thonschiefer und Granit. Die Sediment=Gesteine
treten im Norden zumeist unter $23\frac{1}{2}°$ südl. Breite zwischen
dem Serorume und dem Limpopo auf. Es sind schwach
aufgerichtete Sandsteine, wahrscheinlich der Karroo=Formation
angehörend.

Zwischen Lydenburg und der Delagoa=Bai verdanken
wir Cohen*) ein sehr interessantes geognostisches Profil.
Das Hochgebirgsland zwischen Lydenburg und dem Steil=
rande besteht aus einer äußerst mächtigen Formation von
Thonschiefern mit eingelagerten Sandsteinbänken, die stellen=
weise von Dolomit überlagert wird. Das in vier unter=
geordnete Terrainstufen abfallende Gebirgsland zwischen
dem Steilrande des Hochlandes und den Lobombo=Bergen
besteht fast ausschließlich aus krystallinischen Gesteinen, zu=
meist Granit, am östlichen Rande Melaphyr und Quarz=
porphyr. Auf der Küstenterrasse treten nur in der westlichen
Hälfte niedrige Höhenzüge von Porphyr und Melaphyr auf.
Das Küstenland ist zum Theile mit schwarzem moorigen
Boden, zum Theile mit recentem Meeressand bedeckt.

Nördlich des 25.° südl. Breite trifft man am Ostrande des
Hochlandes stets Schiefer mit eingelagerten Diabasen oder
Sandstein, welchem indeß kein bestimmtes Niveau zukommt;
wo die Bänke fester und mächtiger werden, haben sie der
Erosion kräftigen Widerstand geleistet, und bilden bald

---

*) Erläuternde Bemerkungen zu der Routenkarte einer Reise von
Lydenburg nach den Goldfeldern und nach der Delagoa=Bai. Zweiter
Jahresbericht der Geographischen Gesellschaft in Hamburg. 1874—75.
S. 73 u. ff.

höhere, bald niedrigere Bergzüge. Der Sandstein übernimmt in diesen Gegenden die Rolle des Diabas in der Karoo-Formation; von dem Auftreten beider hängt fast allein die Terraingestaltung ab. Meistens sind Schiefer und Sandstein scharf gegeneinander abgegrenzt. Der feste Quarzsandstein bildet gewöhnlich die sogenannten »Kränze«, seltener ist er durch Verwitterung in bizarre Formen zerfressen. Der geognostische Bau der Goldfelder im Lydenburger District ist ein sehr einfacher. Das Hügelland in der Umgebung von Waterval-Rivier besteht nämlich aus Thonschiefern, mit einer mächtigen Entwicklung von Quarzsandstein in den oberen Regionen; diese Schieferformation wird von einem Kiesel-dolomit überlagert. An den Uferrändern des Flusses bilden echte Thonschiefer die Grundlage des goldführenden Sandes und Grus, der an einzelnen Punkten 4 Meter Mächtig-keit erreicht.

Im Zambesi-Gebiete, das durch Thornton, Peters, Mauch u. s. w. einigermaßen in geognostischer und geo-logischer Beziehung bekannt wurde, treffen wir nach Sabe-beck*) zunächst der Küste junge Korallenkalke, dann folgen Tertiär-Ablagerungen, wahrscheinlich Oligocän, Kalkstein, Thone, Sandsteine, welche sich am Zambesi aufwärts fort-setzen. Mit diesem tertiären Sandstein treten vulkanische Gesteine auf, welche sich auch am Zambesi aufwärts noch sporadisch finden. Sie werden dann von dem Tati-Sandstein abgelöst, von welchem sie durch eine Zone von Eruptivmassen getrennt sind. Der Tati-Sandstein ist kohlen-führend und ist wahrscheinlich der Karoo-Formation gleich-zustellen, welche auch südwestlich zwischen dem Zambesi und dem Salzpfannengebiete und südlich desselben weit verbreitet

---

*) v. d. Decken. Reisen in Ost-Afrika. 3. Bd. 3. Abth. Geologie.

ist und in welchem außer Einlagerungen von Grünstein auch Eisenerzlager (Brauneisenstein) vorkommen. Diese Sedimente ruhen zum großen Theile auf dem krystallinischen Grundgebirge, welches an vielen Stellen zu Tage tritt und durch seine goldführenden Gänge ausgezeichnet ist. Zwischen dem abflußlosen Salzpfannengebiete und dem Westmatabele-Land am Gokwe treten ganz junge Bildungen auf, welche Böttger als einen graulich-weißen, kalkigen Löß beschreibt.

Dieselbe Reihenfolge landeinwärts von der Küste finden wir auch am Rovuma, wo Kirk beobachtete. Ueber den geognostischen Charakter des Gebietes zwischen Rufidschi und Wami besitzen wir sehr werthvolle Aufzeichnungen von J. Thomson.*) Die Tieflandschaften der afrikanischen Ostküste bestehen hier sowohl als auch am Pangani im südlichen Usambara aus jungen Ablagerungen, ziegelrothen, stark eisenhältigen Sandes, welche der Denudation der Küstengebirge ihre Entstehung verdanken, und aus Thonen. Die Sande sind von hervorragender Wichtigkeit, da sie das Copalharz bergen; der Copalharzbaum (Msandarusi) ist nunmehr fast gänzlich ausgestorben, dennoch fällt aber die Ablagerung dieser Sande in die jüngste geologische Periode, denn von den Insecten, die das Copal in reichlicher Zahl einschließt, ist kein einziges ausgestorben. Auf die alluvialen Sande und Thone folgen Sandsteine, wahrscheinlich der Kohlenformation angehörend. Sie umsäumen in einem Streifen von wechselnder Breite den Fuß der Plateau-Randberge und erheben sich hie und da zu niedrigen Hügeln und Ketten. Am Rovuma hat man Kohlenflötze gefunden und im Rufidschi-Thale sind Laven in diesem Sandstein

---

*) Notes on the geology of East Central-Africa. Nature 1880. Nr. 579.

eingebettet. Auch Kalke finden sich in dieser Region. Thomson beobachtete solche auf der Bagamoyo=Tabora=Route und am Fuß der Berge hier fossilführend. Da dieselbe Formation von dem Geologen Thornton, dem Begleiter v. d. Decken's, in der Gegend von Mombas beobachtet wurde und er sie äußerst ähnlich der Kohlenformation am Zambesi bezeichnet, darf man annehmen, daß dieser Theil Afrikas seit der Kohlenformation über Wasser erhoben blieb.

Die Randberge des Hochplateaus bestehen aus meta=morphischem Gestein: Schiefer, Gneiß, Hornblendegesteine. Sie umsäumen das Centralplateau vom Cap bis Habesch. Das Streichen der Schichten ist nordsüdlich und es finden sich in ihnen alle Abstufungen von grobkrystallinischer bis zu regelmäßiger Schichtung. — Die Hauptmasse des centralafrikanischen Hochlandes ist Granit, eine scharfe Grenz=linie zwischen demselben und den metamorphischen Gesteinen des Randes läßt sich jedoch nicht nachweisen. Der Boden, welcher durch Zersetzung des Granites entsteht, ist bald rother Thon wie in Ubena und Urori, bald sandig wie in Ugogo, bald grauer Thon wie in Unjamwesi. Die Oberfläche der ganzen Granitregion ist durch das Vorkommen großer, meist abgerundeter Blöcke bezeichnet. Regen, Kohlensäure und eine überaus wirksame Insolation haben die Zersetzung des Granites hervorgerufen.

Der plötzliche Wechsel in der absoluten Höhe zwischen den Landschaften Ubena und Konde am Nordrande des Nyassa=Sees, verbunden mit einem Wechsel im geologischen Bau, und das Vorkommen von Eruptivgesteinen am Fuße der Erhebung läßt hier eine Bruchlinie von hervorragender Bedeutung vermuthen. Die Thonschiefer, welche diese Region zusammensetzen, lagern ungestört, ihre Stellung zu den Graniten der ersten Höhenstufe und zu den metamorphischen

Gesteinen der Randberge des Hochplateaus läßt sich vorläufig noch nicht bestimmen; die Berge dieser Thonschiefer-
region sind alle von rundlicher Form. Am Nordrande des
Nyassa-Sees betreten wir ein vulkanisches Gebiet; etwa
20 Kilometer nördlich des Sees stieß Thomson auf den
Krater eines ehemaligen Vulkans. Porphyr, Tuffe und andere
Agglomerate bilden hier Berge bis zu 2000 Meter Höhe
und umsäumen das Nordende des Sees. Die Scenerie ist
vollständig verändert. Schroffe Spitzen, gezähnte und schar-
tige Kämme und tief eingeschnittene Thäler treten an die
Stelle der abgerundeten Hügel und der welligen Terrain-
mulden. Wahrscheinlich gehören die vulkanischen Gesteine
am Nyassa in dieselbe Periode wie die Eruptivgesteine am
Cap und in Abessynien, in die Trias, und Thomson ist
auch überzeugt, daß in triassischer Zeit eine große Linie
vulkanischer Erhebungen vom Cap über den Nyassa-See,
Ugogo, den Kilimandscharo nach Abessynien sich ausdehnte.
Nur am Ostrande des Nyassa-Sees fand Thomson Spuren
späterer vulkanischer Thätigkeit. Eine Reihe isolirter Kegel
erhebt sich hier zu ca. 100 Meter Höhe. Sie sind äußerst
symmetrisch geformt und ihre Krater vollkommen erhalten.
Einer derselben, den Thomson genauer untersuchte, zeigte
die schönste Beckenform und barg auf seinem Grunde einen
kreisrunden, von Flußpferden bewohnten See.

Zwischen dem Nyassa-See und Tanganjika-See sind
das Hochplateau und die isolirten Berge aus Thonschiefer
und Gneiß aufgebaut und hier und da von Granit durchsetzt. Gegen das Südende des Tanganjika treten sodann
buntgefärbte Sandsteine auf, die stark zerklüftet sind, aber
ungestört lagern. Am Westufer des Tanganjika senkt sich
plötzlich das Terrain von 1500 auf 900 Meter, und hier
verschwindet auch der Sandstein bis auf eine unbedeutende,

arg zerklüftete und gestört: Masse. Wir stehen hier auf einer großen Bruchlinie, die auch auf dem Ostufer bemerkbar ist und vielleicht mit der früher erwähnten zusammenhängt. An der Bruchlinie folgen nordwärts des Sandsteines Eruptiv= gesteine und feldspathreiche. Etwa in der Mitte des West= ufers befindet sich eigenthümlicherweise, rings umgeben von metamorphischem Gesteine und nur gegen Osten offen, eine isolirte Masse feinen rothen Sandsteines. In Uguha erreicht man wieder Sandstein, ungleich jenem vom Süd= ende des Tanganjika roth gefärbt, reich an Quarzkörnern und leicht zerreiblich. In diesem mürben Gesteine hat sich der Lukuga sein Thal ausgewaschen. Die Verbreitung dieses Sandsteines ist sehr beträchtlich, er reicht von Manjuema bis zum Mocro=See, von Kaboga bis Udschidschi und hängt wahrscheinlich mit den Schichten am Südende des Sees zusammen.

Im Gebiete zwischen den großen äquatorialen Seen und der Ostküste zwischen Aequator und 7° südl. Breite haben die krystallinischen Schiefer in Verbindung mit Granit eine große horizontale Ausdehnung und stehen, wie Sadebeck anführt, vermuthlich mit dem Gebirge, welches in Kordofan die Grundlage des Diluviums bildet, im Zusammenhang. Alle größeren Gebirgszüge sind von ihm gebildet. Von älteren Eruptivgesteinen ist Granit sehr verbreitet, auch Hyperstehnfels. Jüngere Eruptivgesteine bilden namentlich im Forschungsgebiete v. d. Decken's eine große Rolle. Thornton läßt die ganze Masse des Kilimandscharo aus Lava bestehen, welche unter der Luft erstarrt ist. Der höchste Berg Afrikas war wahrscheinlich ein Vulkan und der nord= östliche Theil repräsentirt noch den alten Kraterrand. Trachyte, Obsidian im obersten Gürtel des Berges und Basalte am Fuße sowohl wie am Gipfel treten hier auf.

Wie aus den Erkundigungen Wakefield's und in neuester
Zeit Denhardt's hervorgeht, treten auch binnenwärts vom
Kilimandscharo und Kenia aus der 1300 Meter hohen Hoch=
ebene zahlreiche Vulkankegel hervor, unter welchen der
Doinjo Mburo nicht nur heiße Quellen an seinem Fuße,
sondern auch rauchende Krater besitzen soll. Von Sedimenten,
welche das Grundgebirge überlagern, sind namentlich Sand=
stein zu erwähnen, welche in Uganda und Karagwe thonig
sind und aus verschieden gefärbten Lagen (braun, roth,
weiß) bestehen. Jene von Usui, Usinja und Unjamwesi
sollen reich an Eisen sein.

Die Grundlage des abessynischen Hochlandes bildet
Granit, der in mannigfacher Aufeinanderfolge von krystalli=
nischen Schiefern überlagert wird. Gneiß, Glimmer=, Horn=
blende=, Talk= und Thonschiefer sind die hauptsächlichsten
Bildungen dieser Decke. Eruptive Gesteine, namentlich Granit,
Porphyr, Melaphyr und Basalte durchbrechen an zahlreichen
Stellen und oft mächtig entwickelt die Decke und bilden, nament=
lich letztere Formation, die höchsten Spitzen und ganze Massive.
In der Umgegend von Keren tritt der Granit mit weißem und
rothem Feldspath auf, an ihn lehnt sich Glimmerschiefer,
welcher die Wände des Anseba=Thales bildet. Gegen Adua geht
der Granit in Gneiß über. Südlich der Wasserscheide zwischen
Anseba und Mareb wird das krystallinische Grundgebirge
von Eruptivmassen überdeckt, unter welchen der rothe Thon=
eisenstein die sogenannten rothen Plateaus bildet und sich
über Axum bis Adua fortsetzt. Eine feinkörnige Varietät
des Granitit durchbricht in dieser Region den älteren Granit
und bildet die höchsten Spitzen. Das krystallinische Gebirge
scheint nach allen Andeutungen in Abessynien eine zusammen=
hängende Masse zu bilden und reicht in südlicher Richtung
bis über die Länder Adel und Schoa. Nach Osten senkt

sich das abessynische Hochland und hier wird das krystalli=
nische Gebirge von Diluvium und Alluvium bedeckt. Daß
aus dem Diluvium von Sennaar, von Fasogl bis zu den
Hatschlandschaften das krystallinische Gebirge in allen be=
deutenderen Erhebungen durchbricht, haben wir schon bei
Besprechung der Plateauzone des Sudan gesehen. In
Fasogl herrschen krystallinische Schiefer vor, Gneiß mit
weißem Feldspath und schwarzem Glimmer, daran lehnt
sich Chloritschiefer. Vielfach treten hier goldführende
Quarz= und Dioritgänge auf, häufig mit Brauneisenerz
zusammen.

Allein nicht nur die Masse des abessynischen Hoch=
landes, auch die Ausläufer des centralafrikanischen Hoch=
landes gegen die Depression im oberen Nilgebiete (Bahr el
Ghazal) sind zum großen Theile von gleichem geognostischen
Charakter. Schweinfurth bemerkt, daß die große Trapp=
formation im Djur= und Dor=Gebiet vom Granit der
Mondu=Berge abgelöst wird und der Granit in Gestalt
flacher Platten die Thoneisensteinlager (nach Schweinfurth
Raseneisenstein) an vielen Stellen durchdrungen hat, zuweilen
aber wechsellagern diese tischähnlichen Platten mit riesigen
Kuppen und Blöcken. Alles übrige Land zwischen dem
Tondj, Djur und Maa bis zum Kasanga ist mit röth=
lichem, schlackigem Thoneisenstein mit undeutlicher Schichtung
bedeckt und bildet eine riesige Thoneisenplatte, deren Nord=
grenze noch nicht näher bestimmt ist.

Unter den jüngeren Eruptivgesteinen sind Basalte
durch Säulenbildung ausgezeichnet, sehr verbreitet. Im süd=
lichen Tigre ist der krystallinische Schiefer durchbrochen
und tritt neben Melaphyr auf. Ein ausgezeichnet basal=
tisches Gebiet ist die Hochfläche von Isaak Debr und das
Amben=Plateau von Magdala südlich von Antalo. Auch

in Schoa treten Decken von Basalt und Trachyt auf. Das Gebirge, welches Ankober beherrscht, ist eine große Erhebungsmasse von Trachyt gebildet, dessen Seiten von Basalt bedeckt sind. Nach Westen erstrecken sich die basaltischen Gesteine bis nach Debaref.

Thätige Vulkane (Rochet d'Hericourt giebt 19 Meilen südlich von Ankober einen solchen Namens Dosāne an) wurden bisher von sachkundigen Reisenden im Gebiete des eigentlichen Habesch nicht gefunden, hingegen ist die Zahl der in weiterer Umgebung des Hochplateaus und auf der Küstenebene (Afar) vorkommenden doleritischen und trachytischen Lavaströme in Begleitung von Obsidian sehr groß. So z. B. erwähnt Steubner eines Vulkans an der Danaqil-Küste.

Unter den Sedimenten hat ein eisenschüssiger Sandstein große Verbreitung am Ostrande und im Afar-Gebiete, sowie im Lande Abel, Blanford fand ihn von Senafe bis Abbigerat entwickelt. In der Nähe der Küste ruht er auf krystallinischen Schiefern. Im abessynischen Hochlande tritt Sandstein in Verbindung mit Thonschiefer auf und wird stellenweise, so z. B. bei Antalo, von Kalkstein überlagert.

An den Küsten bildet das Alluvium einen Streifen von verschiedener Breite und besteht aus feinem, salzhaltigem Sande, in welchem bisweilen Gypsgänge und Mergellager auftreten. Im Innern bildet es die Flußbetten und bedeckt die Thäler, ebenso auch die Ufer des Tsana-Sees. Jenes des Blauen Nil besteht aus festen Conglomeraten und Mergeln, welche zahlreiche verkieselte Hölzer einschließen.

Ueber den geognostischen Charakter der Somali-Halbinsel haben wir sehr spärliche Daten; daß auch hier das Grundgebirge krystallinisch ist, scheint zweifellos zu

fein. Sowohl Haggenmacher*) als in neuester Zeit Revoil**)
berichten, daß das Küstentiefland aus einer Ablagerung
von Madreporen-Kalk besteht, mit Flugsand bedeckt; noch
in einer Entfernung von 15 bis 20 Kilometer landeinwärts
stößt man auf verwitterte Austernbänke und Korallenstücke.
Im Küstentieflande fand Revoil auf in mit Kalk wechsel=
lagerndem Gyps Steinsalzablagerungen in großer Zahl.
Das krystallinische Grundgebirge ist wie auch anderwärts
von Sedimenten überlagert, namentlich petrefektenarmen Kalk=
steinen, welche die höchsten Gipfel zusammensetzen. In den
Abhängen ist Glimmerschiefer stark verbreitet. Auf dem
Hochlande liegt unter dem rothen Ackerhumus heller gelber
Thon, welcher dem Kalkfelsen aufliegt. Haggenmacher be=
richtet von einem thätigen Vulcane etwa 30 Kilometer
südlich von Enterat, an dessen Fuße zwei heiße Quellen
entspringen.

Der Gebirgszug, der längs der ganzen Küste des
Rothen Meeres als Arabisches Gebirge verläuft, besteht
vom Chor Barka bis zum Wadi Araba zum größten Theile
aus krystallinischen Gesteinen. Nördlich des Wadi Araba
treten vorherrschend granitische Berge auf. Mächtige Züge
von theils quarzfreien, theils quarzführenden Porphyren,
von Syenit und Diorit treten im Granit auf, Züge von
Gneiß, Glimmerschiefer und Chloritschiefer gliedern weiterhin
das Gebirge. Zunächst streichen alle Gebirgszüge von Nordost
nach Südwest, in welcher Richtung sie unter den nubischen
Sandsteinen des Nilgebietes hinabgehen und Granit z. B.
an den Katarakten von Assuan in besonders schöner Ent=

---

*) Reise im Somali-Lande. Pet. Mitthl. Ergänzungsheft 47.
**) Voyage au pays des Medjourtines. Bull. de la Soc. de
Géogr. de Paris. Mars 1880. — Voyage au Cap des Aromates.
Paris 1880.

wicklung vorsteht. In Nubien hat das Arabische Gebirge seine größte Breite und füllt mit seinen Ausläufern die arabische Wüste, nördlich vom 23.° nördl. Breite verschmälert es sich allmählich zu beiden Seiten, eingefaßt von den Sand= steinen oder Kalksteinen Aegyptens und überall auf die krystallinische Unterlage horizontal aufgelagert.

Unter den Sedimenten dieses Gebietes, in geologischer Hinsicht die eigentliche Ostgrenze der Wüste, spielen Sand= stein und Kalkstein die Hauptrolle. Der nubische Sand= stein lagert fast durchwegs horizontal auf dem krystallinischen Grundgebirge, ebenso wie er die Ausläufer des Arabischen Gebirgszuges (respective des krystallinischen Küstenzuges) horizontal überlagert. Ueber ihm liegt ein grobkörniger, oft sehr eisenreicher jüngerer Sandstein. Der nubische Sand= stein reicht von der Bajuda=Steppe bis über Assuan. Nördlicher senkt er sich und der ihn überlagernde Kalk= stein reicht bis zur Thalsohle. Zwischen Wadi Halfa und Korosko ist der nubische Sandstein in zahllose Tafel= berge in abgestutzte und spitze Kegel zerklüftet. Von Theben abwärts bestehen die Thalränder des Nils aus Kalksteinen, bis Siut aus älterer Kreide, von da ab aus Nummuliten= Kalk, welche auch das Hochplateau bilden, das dem kry= stallinischen Küstengebirge nach Westen vorgelagert ist und auf welchem Schweinfurth *) in der Nähe des Wadi Tarseh zu Mgheta großartige natürliche Cisternen entdeckte. Die niedrigen Plateaus der Landenge von Suez sind nach Fuchs **) ganz aus quarternären Bildungen zusammengesetzt. An der Küste des Rothen Meeres wird der Nummuliten=Kalk

---

*) La terra incognita dell Egitto. Milano 1878.
**) „Die geologische Beschaffenheit der Landenge von Suez.“ Denkschr. d. k. Akademie d. Wissensch. in Wien. Bd. XXXVIII.

durch jüngeres Tertiärgebirge mit Schwefelablagerungen und durch Korallenkalk ersetzt.

Es erübrigt uns nur noch den Westrand des Central- und südafrikanischen Hochlandes nördlich des Oranje-Durch- bruches in geognostischer Beziehung zu betrachten. Leider sind auf der ganzen Strecke nur verhältnißmäßig sehr kleine Partien von Fachmännern durchforscht worden, und trotz der langen portugiesischen Herrschaft an der süd- äquatorialen Westküste ist uns auch das Innere zwischen Congo und Cunene erst in der neuesten Zeit erschlossen worden.

In Groß-Namaqua-Land setzt sich das krystallinische Schiefergebirge als Grundlage allenthalben fort, zum größten Theile überlagert vom Tafelberg-Sandstein, der jene aus- gedehnten, wenig undulirten Plateaus bildet, oder wenn steil aufgerichtet, in zerklüftete Massen aufragt. Im Kaoko- und Herero-Lande bilden Gneiß und Granit das Grundgebirge, über welchem Sandstein und Kalkstein als Sedimente lagern. Quarz und Porphyr haben an vielen Stellen die Granitmassen durchbrochen und stehen wie riesige Gerippe in allen möglichen Formen aus ihnen hervor. Der Granit, welcher sehr grobkörnig ist, verwittert ungemein schnell. Am Omuramba tritt rother Sandstein auf, welcher auf Granit und Kalkstein lagert.

Die Formation des Hochlandes in den portugiesischen Provinzen Benguela und Angola ist bisher wenig unter- sucht worden. Nach den Berichten der Reisenden bilden Granit und Schiefergestein das Grundgebirge (das letztere enthält sowohl hier als auch im Herero-Lande die reichen Kupfererzminen). Horizontal liegende Kalksteinschichten und Sandsteinablagerungen wurden mehrfach beobachtet. Das Vorkommen vulkanischer Bildungen ist nicht sichergestellt.

Südlich von Mossamedes traten Gault=Ammoniten führende cretacische Schichten in der Küstenterrasse auf. *)

Einer auffallenden Erscheinung gedenkt Lenz, indem er die polirten Felsen im Strombette des Ogowe anführt. Soweit die Felsen in und zu beiden Seiten des Flußbettes vom Wasser bespült werden, fand Lenz dieselben mit einem dunkelbraunen, dünnen, firnißartigen Ueberzuge vollkommen bedeckt. Es ist dies durchaus keine Verwitterungskruste, sondern eine angesetzte, aus zahlreichen äußerst dünnen Blättchen bestehende Kruste von dunkelbraunem Eisenoxyd, dessen oberste, beständig der Wirkung des Wassers ausgesetzte Lage metallisch glänzend ist. Besonders deutlich zeigte sich diese Kruste bei den Gneißen und den schönen granat=rothen Glimmerschiefern im Apinschi=Lande. Tuckey beobachtete die gleiche Erscheinung bei den Jellala=Fällen des Congo. Lenz führt diese Erscheinung auf die Reibung der zahlreichen, in dem strudelnden Wasser suspendirten scharfen Quarzkörner an den mit stark eisenschüssigem Lehm überzogenen Felsen zurück. — Die Masse der aus einer Reihe paralleler Züge bestehenden Serra Complida nördlich des Congo ist von einem Complex von krystallinischen Schiefergesteinen zusammengesetzt, die unter einem steilen Winkel nach Osten einfallen.

K. v. Fritsch**) resumirt den geognostischen Charakter und geologischen Bau des tropischen West=Afrika, über welches leider nur sehr spärliches Material vorliegt, folgendermaßen: Es ist nicht unwahrscheinlich, daß vom Massiv des Camerun bis Benguela der Rand des Hochplateaus ein zusammen=

---

*) O. Lenz: „Geologische Mittheilungen aus West=Afrika." Verhandlungen der k. k. geolog. Reichsanstalt. 1878. S. 144.

**) K. v. Fritsch: Geographische Verbreitung geognostischer Formationen. Geographisches Jahrbuch von Behm=Wagner. VIII. Bd. S. 374.

hängendes Gneißgebirge darstellt. Mit den Gneißen sind granatreiche Glimmerschiefer, auch andere krystallinische Schiefer, sowie Thonschiefer verbunden. Wo der Ogowe auf seinem Laufe von Oschebo bis Okoto das Küstengebirge durchbricht, zeigt sich nordsüdliches Streichen und steiles Einfallen nach Ost. Das hinter diesem Gebirge liegende Okande-Land zeigt im Aschuka-District schönen großkörnigen Granit. Hügelland und Hochebene, aber auch die Küsten-ebene sind mit gelbem Lehm bedeckt, der auf der Höhe oft thonigen Sphärosiderit umschließt. Auch weißer, weicher, lößartiger Mergel wird beobachtet. Zahllose große Blöcke, im Oberlauf aus Granit, tiefer unten aus Gneiß bestehend, treten auf. Bei Ngube, etwa 20 Meter über dem Flusse, besteht der Boden aus rothem Thonstein und Porphyrtuff, anscheinend auch aus zersetztem Mandelstein. Ueber dieser, einen ansehnlichen Raum einnehmenden Formation liegen gelbe Sande mit bedeutenden Einlagerungen von eisenerz-ähnlichem Brauneisenstein. Am Como aufwärts bestehen die Erhebungen der Küstenterrasse aus nordsüdlich streichendem, nach West einfallendem rothen grobkörnigen Sandstein der-selben Bildung, welche die Stromschnellen des Utamboni veran-laßt. An diesem Flusse ruht dieser Sandstein auf lichtblauen Schieferthonen, die von Nordwest nach Südost streichen und direct auf dem hier syenitischen Grundgebirge des Küsten-zuges aufruhen, während nach dem Flußgeröll ein auffallend schöner, granitführender Gneiß weiter landeinwärts vor-steht. Augenscheinlich liegt ungleichförmig über diesem Schieferthon-Sandsteingebirge die söhlig gelagerte Schichten-reihe, die am Gabun, Munda, Muni u. s. w. und auf den Elobi-Inseln beobachtet wurde.

Im inneren Winkel des Meerbusens von Guinea dehnt sich ein Vulkangebiet aus, das einer genauen geologischen Untersuchung bedarf. Dasselbe besteht aus den mehr als 5000 Quadrat=Kilometer bedeckenden vulkanischen Terrain der Camerun= und Rumbi=Berge. Bisher wurden auf demselben 28 Krater gesehen, die Lavaergüsse sind immer nach Süden erfolgt. Lenz bezeichnet diese ruhige Vulkan= masse als im Solfatarenzustande befindlich. Cameruns Peak ist jedoch nur ein Punkt einer ganzen, deutlich ausge= sprochenen Eruptionslinie. Wie Lenz richtig bemerkt, liegen auf dieser Linie, deren südwestlicher Endpunkt die Insel St. Helena ist, die vulkanischen Erhebungen auf Fernando Po (Clarence Peak) Principe, Thomé und Anobon. Ver= längert man aber diese Linie auch in nordöstlicher Richtung, so finden wir, daß auch die Massen des Hossere Labul und Alantika auf ihr liegen, und dies läßt vermuthen, daß wir in diesen beiden, völlig isolirt zu Höhen von über 2000 Meter aufragenden Massiven die Endpunkte dieser langen Vulkan= reihe erblicken dürfen.

Ueber den geognostischen Charakter der nordäquato= rialen Wasserscheide besitzen wir kaum die dürftigsten Daten. Südlich vom Binue, zwischen diesem und dem Nigir, scheinen Granit, Gneiß und krystallinische Schiefer in Ueberein= stimmung mit dem Allgemein=Charakter des bekannten Theiles des Hochlandes das Grundgebirge zu bilden, denen auf bedeutende Strecken hin Sandsteine und Kalksteine auf= lagern und die höchst bizarren Formen der isolirten Berg= züge bedingen; nicht unwahrscheinlich ist es ferner, daß die Thoneisenstein= (Trapp=) Decke im Niamniam=Gebiete sich auch nach Westen hin fortsetzt und in der Landschaft Dar Banda zahllose Granitinseln (die Kaga benannten, isolirten Bergkegel) die Thoneisensteindecke durchbrechen, so daß alle Culminationspunkte des Landes granitisch sind. Definitive Angaben sind vorläufig noch abzuwarten. Es ist

jedoch zu hoffen daß nun, nachdem Afrika in rein geographischer Hinsicht mit bewunderungswürdiger Raschheit der
Wissenschaft erschlossen wird, auch das bisher wenig bebaute
Feld des Geologen, namentlich des Paläontologen, mit Eifer
bestellt werden wird.

Die beiliegende hypsometrische Karte von Afrika wird
die im Vorhergehenden erörternde Gliederung des Erdtheiles
besser als jede langathmige Darstellung hervortreten lassen.
Zum Entwurfe derselben wurden alle bisher bekannten
und uns zugänglichen Höhenmessungen benützt. Selbstverständlich ist der Verlauf der einzelnen Isohypsen nur für
sehr geringe Strecken ein absoluter, zum überwiegenden
Theile nur approximativ. Wenn trotzdem der Versuch, bis
1500 Meter Erhebung äquidistante Höhenschichten zu entwerfen, im Großen ein richtiges hypsometrisches Bild
Afrikas giebt, so ist dies wohl hauptsächlich dem eminenten
Plateau-Charakter des Erdtheiles zuzuschreiben.